Internationale Politik

„Arabischer Frühling" - (k)eine Chance für Demokratie in der arabischen Welt? - eine Fallanalyse zu Tunesien und Syrien

Ergebnisse einer Masterarbeit

Antje Waldschmidt

Vielen Dank an dieser Stelle an meine Eltern,
Sieglinde und Bernhard
sowie meine Schwester Katja, für die
spontane Unterstützung beim Fertigstellen
dieser Masterarbeit.

© 2016 Antje Waldschmidt
1. Auflage, Februar 2016
Herstellung und Verlag: BoD – Books on Demand, Norderstedt
ISBN: 978-3-7392-4265-1

Bildnachweise

Seite 1: Cover // © Katja Waldschmidt
Seite 95: Tabelle oben // © Weltbank 2015

Vorwort

Das Jahr 2011 veränderte die politische Situation in den Ländern Nordafrikas und des Nahen Ostens gravierend. Der Sturz eines seit 23 Jahren autokratisch herrschenden Staatspräsidenten durch eine zivilgesellschaftliche Protestbewegung inspirierte die Bevölkerungen in vielen Teilen der arabischen Welt zu ähnlichen Protesten, die anfänglich in kleineren kosmetischen Reformen oder politischen Machtwechseln mündeten.
Die intensivere internationale Kommunikation und die gezielte Nutzung der neuen sozialen Medien bewirkten die schnelle Ausbreitung der regionalen Protestwellen und führten zu einem Regionen übergreifenden Aufstand. Getragen wurden diese Proteste vor allem von den jungen urbanen Intellektuellen und/oder sozial, regional, ethnisch oder konfessionell diskriminierten Bevölkerungsgruppen in der Peripherie. Die bisher politisch wenig in Erscheinung getretene Jugend spielte im Arabischen Frühling eine entscheidende Rolle.

Doch der Arabische Frühling löste keinen - wie anfänglich medial spekuliert - Demokratisierungsprozess in der arabischen Welt aus, sondern implizierte in seiner Gesamtheit vielmehr äußerst autoritäre Polizeistaaten und/oder provoziert den Zerfall von Nationen. Und selbst in Tunesien - dem einzigem Lichtblick des Arabischen Frühlings - mangelt es weiterhin an sozialen Rechten und Perspektiven, gerade für die jungen, hoch gebildeten Menschen im Land: Denn Freiheit allein kann man nicht essen! So birgt die hohe Arbeitslosigkeit und siechende Wirtschaft Tunesiens sowie der wachsende Zustrom zum islamistischen Lager mit zunehmender Bedrohung durch islamistischen Terror extremstes Konfliktpotenzial. Der Weg in die Demokratie gestaltet sich auch im letzten verbliebenem Hoffnungsträger steinig; Das politische System ist fragil.

Zeitgleich markiert der Arabische Frühling einen historischen Moment des Umbruchs und eines (noch offenen) Neuorientierungsprozesses. Denn die Revolutionen haben nicht nur die Innenpolitik in den betroffenen Ländern erschüttert, sondern sind im Prozess eine Neuausrichtung der regionalen Ordnung in der MENA-Region herbeizuführen. Die Frage, die uns in den kommenden Jahren beschäftigen wird, lautet folglich, ob die alte Ordnung aus Zeiten des europäischen Kolonialismus (weiterhin) Bestand haben kann oder ob es zukünftig einer neuen Staats- und Gesellschaftsordnung bedarf.

Diese wissenschaftliche Arbeit, die als Abschlussarbeit in gekürzter Form im Rahmen des Studiums der Politikwissenschaft an einer deutschen Universität eingereicht wurde, soll ein Grundlagenverständnis über die Herrschaftsstrukturen sowie die Auswirkungen und Entwicklungen des Arabischen Frühlings in den beiden gewählten Fallbeispielen – Tunesien & Syrien – geben.
Aufgrund der Aktualität und Relevanz der Thematik hat sich die Autorin entschlossen, die Forschungsergebnisse frei zugänglich zu machen. In der Erwartung, mit diesem Beitrag in kleinem Maße zu einem besseren Verständnis und zur Aufklärung über die komplexe Konfliktlage in der MENA-Region beizutragen und verbunden mit der Hoffnung, dass zukünftig langfristige konstruktive Problemlösungsansätze geschaffen werden.

Wünschenswert wäre dies allemal! – und dies nicht nur für die bereits im fünften Jahr unter Krieg und Terror leidenden Menschen in Teilen des Nahen Ostens und Nordafrikas, sondern insgesamt für eine friedlichere Welt.
(Jeglicher Erlös der Autorin, der durch den Verkauf dieser Abschlussarbeit über BoD zustande kommt, wird ohne Abzüge einer Notunterkunft für Flüchtlinge in Berlin – der NUK Friedrichshagen – zugutekommen.)

Abstract

In dieser Arbeit werden die Entwicklungen der arabischen Welt der letzten 4 Jahre, d.h. seit Ausbruch der Proteste Ende Dezember 2010, in den Kontext der Demokratisierungsforschung gestellt und bisherige Konzepte neu hinterfragt. Zielsetzung ist es, die Gründe zu benennen, warum der „Arabische Frühling", der als Hoffnungsträger eines Frühlings der Demokratie galt, keinen Regionen übergreifenden Demokratisierungsprozess eingeleitet bzw. zu derart unterschiedlichen „Ergebnissen" in den arabischen Gesellschaften geführt hat.

Akronyme

FSA:	Free Syrian Army
HDI:	Human Development Index
IS:	Islamic State
LCC:	Local Coordination Committees (of Syria)
MENA-Region:	Middle East & North Africa
MTI:	Mouvement de la Tendance Islamique
NCC:	National Coordination Committee for Democratic Change
OCD:	Organisation for Economic Cooperation and Development
OIC:	Organisation of Islamic Cooperation
SNC:	Syrian National Council
UGTT:	Union Générale Tunisienne du Travail
WEF:	World Economic Forum

<u>Gliederung</u>

I) EINFÜHRUNG UND METHODIK

1.1) Einleitung

> *"Political democracy, then, usually emerges from a nonlinear,*
> *highly uncertain, and imminently reversible process [...]."*[1]

Die Arabische Welt befindet sich in Aufruhr und Umbruch. Seitdem Ende Dezember 2010 die ersten Proteste in Tunesien ausbrachen, ist eine ganze Region nicht mehr zur Ruhe gekommen. Doch was mit den Massenprotesten begann und anfänglich vielerorts als demokratischer Funke und Hoffnungsträger interpretiert wurde, weitete sich unvermittelt wie ein Flächenbrand auf weitere Länder des Nahen Ostens und Nordafrika aus und hat indessen zu einer höchst angespannten, ungewissen und fragilen Lage der arabischen Welt geführt. Während die westliche Medienlandschaft bereits Mitte 2011 von der „vierten Demokratisierungswelle"[2] oder dem Schlagwort „Araber kämpfen für Freiheit"[3] sprach, titelte selbige bereits einige Monate später ernüchtert, dass aus dem „Arabischen Frühling" ein „arabischer Herbst"[4] bzw. „arabischer Winter"[5] geworden war. Vier Jahre später lässt sich rückblickend folgende Bilanz aus dem Arabischen Frühling ziehen: Vier Staatsoberhäupter wurden gestürzt; Mehrere Staaten bildeten ihre Regierungen um oder reformierten diese oberflächlich; Zwei Staaten befinden sich in Bürgerkriegen, wovon einer einen Stellvertreterkrieg darstellt, der die gesamte Region und Staatlichkeit in Frage stellt; Einem einzelnen Staat scheint der demokratische Weg gelungen zu sein. Von einer Demokratisierungswelle in der MENA-Region kann keineswegs gesprochen werden. - Das einzige, von dem gewiss gesprochen werden kann ist, dass die Ereignisse von vor (über) vier Jahren ein politisches Erwachen und einen Wendepunkt in der arabischen Welt dargestellt haben. Die Richtung, die sie genommen haben, hat jedoch niemand erwartet noch hätte sie vor der sogenannten „Arabellion" vorhersagen können.

---

[1] O'Donnell/Schmitter 1986: 70

[2] U.a. Josef Joffe (18.06.2011), Mitherausgeber der deutschen Wochenzeitung „Die Zeit", in Anlehnung an den Politikwissenschaftler Samuel P. Huntington (1991) und sein Konzept der „Wellen der Demokratisierung", in dem er die weltweit stattgefundenen Demokratisierungsprozesse historisch in drei Demokratisierungswellen einordnet, in denen vermehrt autokratische Systeme in demokratische Herrschaftsformen gewechselt sind.

[3] u.a. vgl. eurotopics.net

[4] u.a. Tagesspiegel, Zeit Online

[5] u.a. Die Welt, Spiegel Online

Der Auslöser des Arabischen Frühlings war die Selbsttötung eines jungen, perspektivlosen Mannes in Tunesien, dessen verzweifelte Tat sinnbildlich für die Missstände und Konflikte in seinem Land stand, gegen die er mit dieser Tat rebellierte. Daraus entwickelten sich umgehend landesweite soziale Proteste *gegen* staatliche Willkür und *für* eine größere Teilhabe am wirtschaftlichen Fortschritt. Angesichts der Repression, mit der das Regime auf die Demonstranten reagierte, kam es alsbald zu Forderungen einer radikalen Veränderung des politischen Systems bis hin zu eindeutigen Rücktrittsforderungen des autoritären Machthabers. Das wirkte wie eine Initialzündung auf die arabischen Nachbarländer und gab den Auftakt zu einem grenzüberschreitenden Aufstand, der einen regionalen Dominoeffekt auslöste, der die in der arabischen Welt über mehrere Jahrzehnte dominierende Staats- und Gesellschaftsordnung komplett aus den Fugen brachte. So kam es innerhalb kürzester Zeit in fast allen arabischen Staaten zu Protesten und Revolten gegen die eigene Staatsmacht. Doch die ähnlichen Ausgangslagen in den arabischen Gesellschaften führten in den Ländern der MENA-Region zu komplett differierenden „Ergebnissen".[6] Dieses Phänomen wirft die Frage auf, warum die Arabellion in den verschiedenen, doch geographisch, historisch und kulturell verwandten Staaten der Arabischen Welt, die sich allesamt durch ein autoritäres System kennzeichneten, zu derartig verschiedenen „Produkten" geführt hat. Eben diese Problematik dient als Ausgangspunkt für die vorliegende Arbeit. Es soll der Frage nachgegangen werden, *warum der Arabische Frühling keinen Regionen übergreifenden Demokratisierungsprozess ausgelöst hat bzw. warum er zu derart unterschiedlichen „Ergebnissen" in den arabischen Gesellschaften geführt hat?*

In der bisherigen Forschung zum Arabischen Frühling ist der vergleichenden Analyse, die die Gründe für die unterschiedlichen Entwicklungen der einzelnen Staaten der Arabischen Liga erklären könnte, bisher wenig nachgegangen worden. Der Forschungsschwerpunkt liegt in der deskriptiven Natur der einzelnen Fälle, die Ursachen, Verlauf und Herausforderungen betreffen. Im Mittelpunkt steht dabei die Bedeutung sozialer Medien und Netzwerke, d.h. die Rolle des Internets, die für die blitzartige und rasche Ausbreitung der Proteste des Arabischen Frühlings ausschlaggebend war. In dieser Arbeit spielt diese Fokussierung kaum eine Rolle. Vielmehr steht der Vergleich, mit der Zielsetzung eine Erklärung für die unterschiedlichen „Ergebnisse" der Revolutionen zu liefern, im Forschungsinteresse. Die Ergebnisse dieser Vergleichenden Studie erscheinen von großer Relevanz, als dass sie die Faktoren und Kombinationen aus Faktorenbündeln herausfiltern werden, die die verschiedenen Entwicklungen in den einzelnen

---

[6] *„Ergebnis(se)" bzw. „Produkt(e)" wird in dieser Arbeit mit Bezug auf die Resultate des Arabischen Frühlings in Anführungszeichen gesetzt, da aufgrund des unabgeschlossenen Prozesscharakters des Arabischen Frühlings von keinem abschließenden Ergebnis gesprochen werden kann, sondern nur von einer eingeschlagenen Richtung des politischen Wechselprozesses, der zudem nicht unumkehrbar ist.*

arabischen Staaten ausgelöst und vorangetrieben haben. Daraus lässt sich schlussendlich ableiten, was in den einzelnen Ländern demokratieförderlich bzw. - hinderlich gewirkt hat. Der langfristige „Nutzen"[7] besteht darin, dass zukünftige Demokratisierungsbestrebungen bzw. - prozesse in der Region erfolgreich gefördert bzw. unterstützt werden können.

Um die Forschungsfrage der vorliegenden Arbeit beantworten zu können, sollen Theorien und Konzepte herangezogen werden, die sich mit ähnlichen Problemlagen und Entwicklungen beschäftigt haben. Den Schlüssel hierfür liefern die Theorien der Transitionsforschung. Diese recht junge Forschungsrichtung entstand Ende der 70er Jahre in den Vereinigten Staaten als im Zuge der sogenannten dritten Demokratisierungswelle die erfolgreich verlaufenden Transitionsprozesse in Südeuropa und später in Lateinamerika analysiert wurden. „Transition" bezeichnet dabei einen politischen Prozess, der den Wechsel von Herrschaftstypen beinhaltet. Die Demokratie ist nur eines vieler möglicher Ergebnisse von Transitionen, stellt aber in dieser Arbeit mit dem Titel: *„Arabischer Frühling" – (K)eine Chance für Demokratie in der arabischen Welt?,* den Dreh- und Angelpunkt dar. Ob die Transitionsprozesse des Arabischen Frühlings dabei im Sinne einer Demokratisierung stehen, gilt es hier zu erörtern. Fakt ist jedoch, dass in dieser Arbeit die Messlatte bei der Demokratie angesetzt wird. Das nicht nur, weil es sich hierbei um jene Herrschaftsform handelt, die direkt durch das Volk legitimiert wird, sondern weil der Wunsch des Großteils der Akteure des Arabischen Frühlings nach Gerechtigkeit, Freiheit, Würde und Respekt sich im Demokratieverständnis am besten widerspiegelt.

Als erstes und (bis heute) einflussreiches Einführungswerk der Transitionsforschung gilt die 1986 herausgegebene *"Transitions from Authoritarian Rule"* - Studie von Guillermo O'Donnell, Philippe C. Schmitter und Laurence Whitehead. Diese soll auch in dieser Arbeit als Grundlage herangezogen und durch weitere Forschungen ergänzt werden. In diesem Kontext wird sich die Frage stellen, inwieweit die vor allem anhand der dritten Demokratisierungswelle entwickelten Theorien der Transitionsforschung zur Erklärung der jetzigen Ereignisse dienen können. Auf theoretisch-konzeptioneller Ebene soll einem synthetischen Ansatz gefolgt werden, der verstärkt die Akteurstheorie fokussiert und in die Makrotheorien einbettet. Ein besonderes Augenmerk soll mit Bezug auf die arabische Welt dem kulturellen Kontext gewidmet werden, um zu analysieren, ob und welchen Einfluss insbesondere der politische Islam und die ethnische Fragmentierung auf Erfolg oder Scheitern der Demokratisierungsprozesse gehabt haben. Als

---

[7] *Hierbei soll keine normative Wertung des Konzeptes der Demokratie bzw. etwaige Definierung/ Positionierung in welchem Akteursinteresse dieser Nutzen liegen könnte, abgegeben werden.*

Ausgangs- und Vergleichsbasis dieser Arbeit wird das minimale prozedurale Demokratiekonzept des Politikwissenschaftlers Robert Alan Dahl[8] herangezogen, das als Grundvoraussetzung für den praktischen Teil dieser Arbeit dient. Darauf aufbauend wird im zweiten anwendungsorientiertem Teil die Qualitativ Vergleichende Untersuchung stattfinden.

Für diese vergleichende Studie werden zwei arabische Staaten gewählt, in denen der durch den Arabischen Frühling ausgelöste Transitionsprozess trotz vergleichsweise ähnlicher Ausgangslage nicht zu einem selben „Ergebnis" geführt hat. Bei diesen prägnanten Fallbeispielen handelt es sich um Tunesien und Syrien, die als jeweilige Repräsentanten ihrer Region stehen sollen. Grund für diese Wahl ist das offensichtlich gegensätzliche „Ergebnis" des politischen Wechselprozesses in beiden Ländern, wobei Tunesien in der internationalen Medien- und Forschungslandschaft als einziges Vorbild für einen erfolgreichen Demokratisierungsprozess in der arabischen Welt gilt, während Syrien der Staatszerfall droht. Offensichtlich ist dabei, dass aufgrund des unabgeschlossenen Prozesscharakters des Arabischen Frühlings keine abschließenden Urteile über seine Ergebnisse gefällt werden können. Die induktive Vorgehensweise dieser Arbeit soll jedoch erlauben die Forschungsfrage dieser Arbeit beantworten zu können sowie (vorsichtige) Rückschlüsse über die politischen Wechselprozesse der Region zu ziehen.

1.2) Forschungsfragen und Hypothese

Zwecks Annäherung an das Thema dieser Arbeit: *„Arabischer Frühling" – (K)eine Chance für Demokratie in der arabischen Welt?*, wird eine Forschungsfrage gestellt, die in der Folge beantwortet werden soll. Die Forschungsfrage lautet:

Was sind die Gründe dafür, dass der „Arabische Frühling", der als Hoffnungsträger eines Frühlings der Demokratie galt, keinen Regionen übergreifenden Demokratisierungsprozess in den arabischen Staaten eingeleitet hat?

Aus dieser Fragestellung lassen sich zwei Teilfragen ableiten, die untersucht und beantwortet werden müssen, um eine Antwort auf die Forschungsfrage geben zu können:

♦ *Hat der Arabische Frühling einen Demokratisierungsprozess in den arabischen Staaten eingeleitet?*[9]

♦ *Was sind die spezifischen Kennzeichen der Region und Faktoren (interner und externer Natur), dass sich einige Länder der Arabischen Liga nicht demokratisieren und der Entwicklung*

---

[8] *Dahl 1971: Polyarchy: Participation and Opposition*
[9] *siehe Kapitel 4.2.: Zwischenfazit: Auf dem Weg zur Demokratie?*

gegenüber resilient waren während (nur) ein einzelner Staat den Demokratisierungsweg einschlug? [10]

1.3) Methodik und Quellen

Forschungstheoretisch lässt sich diese Arbeit in der Transitionsforschung verorten, die sich wiederum in Demokratisierungsforschung und Konsolidierungsforschung unterteilt. Da hier jedoch nur eine sehr kurze Zeitspanne für den Untersuchungsgegenstand des politischen Regimewechsels angelegt wird und der Prozess als nicht abgeschlossen betrachtet werden muss, ist diese Arbeit in der Demokratisierungsforschung einzuordnen. Diese untersucht diejenigen Faktoren, die einen Demokratisierungsprozess auslösen und vorantreiben.

Der Untersuchungsgegenstand soll dabei auf 4 Jahre eingegrenzt werden, daher bei Ausbruch der Arabellion im Dezember 2010 ansetzen und im Dezember 2014 enden. Es wird in dieser Arbeit davon ausgegangen, dass die Konsolidierung einer Demokratie ein über Jahrzehnte oder gar Generationen stattfindender komplexer Prozess ist und der Herausbildung einer entsprechenden politischen Kultur bedarf, weshalb die Aspekte der Konsolidierungsforschung nicht Bestandteil dieser Arbeit sein werden. [11] Konzeptionell wird einer akteurstheoretischen Perspektive gefolgt, die wie es der Politikwissenschaftler Samuel P. Huntington 1991 in seinem Buch "*The Third Wave*" prägnant formuliert, besagt:

"A democratic regime is installed not by trends but by people. Democracies are created not by causes but by causers. Political leaders and publics have to act." [12]

Folglich stehen die Akteure bzw. Akteursgruppen als bestimmender Faktor für die Verläufe, Formen und „Ergebnisse" des Arabischen Frühlings im Mittelpunkt. Zugleich wird angenommen, dass die einen Transitionsprozess tragenden Interaktionen zwischen den verschiedenen Akteuren nicht im luftleeren Raum stattfinden, sondern in einen historischen, kulturellen, gesellschaftlichen und ökonomischen Raum eingebettet sind. [13] Erst eine primäre Analyse dieser Rahmenbedingungen erlaubt es den Ermessensspielraum der Handlungsmöglichkeiten der Akteure in den jeweils zu untersuchenden Transitionsprozessen einzuschätzen. Ein einzelner theoretischer Zugang kann keinen politischen Wechselprozess erklären, weshalb diese Arbeit einen komplementären Ansatz anstrebt. Eine

---

[10] *siehe Kapitel 5.3.: Zwischenfazit: Analyse der Variablen*
[11] *Da die Trennlinie zwischen Demokratisierungsforschung und Konsolidierungsforschung in der Wissenschaft jedoch nicht klar definiert ist, werden u.U. auch Bereiche letzterer tangiert.*
[12] *Huntington 1991: 107*
[13] *Ebd.*

forschungsstrategische Synthese aus Makrotheorien und Akteurstheorien[14] erscheint folglich für die vergleichende Untersuchung sinnvoll.

Mit der detaillierten Bearbeitung der Demokratiekonzeption, daher dem „Polyarchie Konzept" von Robert Alan Dahl, soll theoretische Vorarbeit geleistet werden, die es ermöglicht, zum einen zu überprüfen, inwiefern ein Demokratisierungsprozess in den beiden gewählten arabischen Staaten eingeleitet wurde und zum anderen ein Demokratiebegriff vorgegeben werden, der als Orientierungs- und Ausgangspunkt des in dieser Arbeit zugrunde gelegten Demokratieverständnisses gilt. Es wird ein minimales, prozedurales Demokratiekonzept gewählt, da dies flexibler auf die Besonderheiten von Transitionsländern eingehen kann – und die Messlatte nicht an dem besonders anspruchsvollen Demokratieverständnis von Staaten mit jahrzehntelanger demokratischer Tradition ansetzt.

Um die Forschungsfrage beantworten zu können, wird der qualitative Vergleich als Instrument des Erkenntnisfortschritts gewählt. Hierbei wird mit der Konkordanz-Methode gearbeitet, die besagt, dass zwischen den Vergleichsobjekten eine ausreichende Grundgesamtheit an beobachtbaren Gemeinsamkeiten gegeben sein muss, die die feststellbaren Unterschiede signifikant werden lässt. Dem folgend werden zwei Fallbeispiele gewählt; Im Konkreten Tunesien und Syrien als zwei Staaten der arabischen Welt. Beide Länder gehören der „Arabischen Liga" an, was als Indikator für starke kulturelle und historische Gemeinsamkeiten spricht. Beide Staaten wurden vor der Arabellion autoritär regiert. Trotz dieser ähnlichen Ausgangslage hat die Arabellion in den beiden Staaten zu offensichtlich gegensätzlichen „Ergebnissen" geführt, weshalb sich die beiden Länder für eine qualitative Untersuchung auszeichnen, um fallbezogen die spezifischen Unterschiede der Bedingungsfaktoren, die besonders auf den Transitionsprozess hingewirkt haben, herausarbeiten und vergleichen zu können. Es wird dabei davon ausgegangen, dass es nicht die „eine" zentrale Ursache bzw. Ursachen sind, die die Richtung des politischen Wechselprozesses bestimmen, sondern dass es sich um Kombinationen aus je nach Fallbeispiel variierenden Faktoren handelt. Denn Transitionsprozesse unterliegen dem Einfluss derart vieler - auch regionalspezifischer - Variablen, dass Schlüsse von einem Staat auf den anderen oder gar regionenübergreifend nur auf sehr hohem Abstraktionsniveau gezogen werden können.

Aus diesem Grund wurde in dieser Arbeit die Qualitativ Vergleichende Methode mit kleiner Fallzahl einer quantitativ standardisierten Vorgehensweise vorgezogen. Die qualitative

---

[14] *Bzgl. der Akteurstheorien steht die 1986 von O'Donnell/ Schmitter/ Whitehead herausgegebene "Transitions from Authoritarian Rule"- Studie im Fokus und wird in Kapitel II explizit vorgestellt, da sie als Schlüsselwerk dieser Forschungsrichtung gilt. Nichtsdestotrotz wird mit Bezug auf den akteurstheoretischen Ansatz auch Huntington zitiert, der in seinem 1991 herausgegebenem Werk "The Third Wave. Democratization in the Late Twentieth Century" einen induktiven Akteursansatz vorstellt, dessen Aussagen nicht im Widerspruch zu O'Donnell/Schmitters stehen.*

Untersuchung erlaubt eine intensivere Auseinandersetzung mit den Parallelitäten als auch Partikularitäten der gewählten Fallbeispiele, die in dieser Arbeit als entscheidend für die unterschiedlichen Entwicklungen in beiden Ländern betrachtet werden.

II) THEORETISCHER RAHMEN

2.1) Demokratiekonzeption nach Dahl

Der Versuch die „Demokratie" zu definieren und eine universelle Begriffsdefinition vorzugeben, scheitert an der Tatsache, dass der legitime Pluralismus zugrunde gelegter Normen bestenfalls eine Definitionskonkurrenz, aber keinen Definitionskonsens zulässt.[15] Daher soll in dieser Arbeit keine normativ-wertorientierte Definition gegeben werden, sondern der Demokratiebegriff auf der Grundlage eines minimalen Konsens verschiedener Demokratiekonzeptionen erschlossen werden, wofür sich eine rein prozedurbezogene Definition anbietet.

Der Demokratiebegriff Robert Alan Dahls als Verständnis eines prozeduralen Minimums erfüllt diesen Konsens vortrefflich, da er die Reduzierung auf ein Verfahren unter Verwendung einer beschränkten Anzahl an definitorischen Kriterien berücksichtigt.

Der US-amerikanische Politikwissenschaftler Robert Alan Dahl gehört zu den einflussreichsten Demokratietheoretikern der vergleichenden Politikwissenschaft der 2. Hälfte des 20. Jahrhunderts. Seine Demokratie- und Polyarchiekonzeption von 1971 ist eine Weiterentwicklung des Demokratiekonzeptes, das sich dicht an den Vorstellungen der Demokratie, wie sie von der Antike bis in die Moderne gedacht wurde, orientiert und andererseits auch in den existierenden Demokratien dieses Jahrhunderts tatsächlich wieder finden lässt.[16] Dahls Polyarchiebegriff kann daher als die unvollkommene Annäherung an ein demokratisches Idealsystem verstanden werden, das den realen liberalpluralistischen Demokratien des 21. Jahrhunderts mit ihren gegebenen politischen Realitäten entspricht.[17]

Die Schlüsselfrage, die Dahl in seinem Hauptwerk seiner Demokratieforschung „*Polyarchy, Participation and Opposition*" von 1971 stellt, fragt nach den Bedingungen die einen politischen Wechselprozess in eine Demokratie begünstigen bzw. behindern:

"Given a regime in which the opponents of the government cannot openly and legally organize into political parties in order to oppose the government in free and fair elections, what conditions favor or impede a transformation into a regime in which they can?"[18]

---

[15] *vgl. Sandschneider 1995: 10*
[16] *vgl. Schmädeke 2011: 110/111*
[17] *vgl. Dahl 1971: 6*
[18] *Dahl 1971: 1*

Um in eine legitimierte Vielherrschaft, d.h. eine Demokratie zu gelangen, muss jenes beschriebene Regime einen Demokratisierungsprozess durchlaufen. Die Termini Demokratie und Demokratisierung sind hierbei untrennbar miteinander verknüpft.[19]

Als Ausgangspunkt verwendet Dahl einen Demokratiebegriff der sich an Jean-Jacques Rousseaus Vorstellung einer Identität von Regierenden und Regierten orientiert.[20] Eines der Schlüsselkriterien der Demokratie sieht Dahl in der kontinuierlichen proaktiven Reaktionsbereitschaft der Regierung auf die Präferenzen ihrer Bürger, die als politisch Gleiche betrachtet werden.[21] Da er diese Idealvorstellung der Demokratie jedoch für nicht-umsetzbar hält, wandelt er jenen idealen Demokratiebegriff in „seinen" realen Polyarchiebegriff, den er mit einer real *existierenden* Demokratie gleichsetzt, um.[22] Dahl hebt sich somit den herkömmlichen Begriff der „Demokratie" als das nicht zu erreichende Ideal einer komplett demokratischen Herrschaftsform auf, die er für utopisch hält.

Dahls realer Polyarchiebegriff hingegen, setzt sich aus acht Kategorien bzw. institutionellen Garantien zusammen, die es in dem jeweiligen Nationalstaat zu institutionalisieren bedarf.[23] Diesen acht institutionelle Garantien umfassenden Polyarchiebegriff unterteilt er in zwei theoretische Dimensionen: einerseits *„Public Contestation"*, den politischen Wettstreit und andererseits *„Participation"*, die Partizipation.[24] „Public Contestation" kann hierbei als die qualitative, liberale Dimension angesehen werden und beinhaltet das gesamte Ausmaß möglicher Opposition, die öffentliche Diskussion und den möglichen politischen Wettstreit in einem Regime.[25] „Participation" hingegen spiegelt verstärkt die quantitative inklusive Dimension wider, nämlich die Anzahl derjenigen, denen es gestattet ist, am politischen Wettkampf um Regierungsmacht und Kontrolle der selbigen teilzuhaben.[26] Dieses Grundkonzept, bei dem es Dahl vor allem um eine bessere globale Vergleichbarkeit von Regimen geht, bemisst folglich den Demokratisierungsgrad eines Regimes an der Intensität, in der politischer Wettstreit und politische Partizipation vorhanden sind.[27] Dieses Grobkonzept soll in dieser Arbeit als Basis für die Analyse der Transitionsprozesse in der arabischen Welt angewandt werden.

Ein minimales Demokratiekonzept, wie das von Samuel P. Huntington,[28] welches den Aspekt offener, freier und fairer Wahlen als die Essenz einer Demokratie betrachtet und weitere

---

[19] *vgl. Schmädeke 2012: 51*
[20] *Ebd.*
[21] *vgl. Dahl 1971: 1*
[22] *vgl. Schmädeke 2011: 122*
[23] *vgl. Dahl 1971: 3*
[24] *vgl. Dahl 1971: 4*
[25] *Ebd.*
[26] *Ebd.*
[27] *vgl. Schmädeke 2012: 53/54*
[28] *vgl. Huntington 1991: The Third Wave. Democratization in the Late Twentieth Century*

Dimensionen zwecks erschwerter Analyse ablehnt, erscheint für die komplexe Ausgangslage der Staaten, die vom Arabischen Frühling betroffen waren, nicht ausreichend.

Nicht zu vernachlässigen ist jedoch Huntingtons Verweis darauf, dass verschiedene politische Systeme teilweise als gleichwertig demokratisch eingeschätzt werden, sich dabei aber stark in ihrer Stabilität unterscheiden können.[29] Huntington sieht die Stabilität als eine zentrale Dimension des politischen Systems, merkt jedoch an, dass demokratische wie auch nicht-demokratische Systeme erschaffen werden und daraufhin andauern oder zerfallen können.[30] Die Leistungs- und Überlebensfähigkeit eines jeden politischen Systems hängt dabei von seinen Problemlösungskapazitäten auf systemerhaltendem Niveau ab.[31] Daher ist das Faktum Stabilität keine dem Demokratiekonzept exklusiv anhaftende Dimension, sondern auf jegliches Regime anwendbar. Bei einem politischen Wechselprozess hilft es jedoch Aussichten über die Konsolidierungsmöglichkeiten sowie die langfristige Beständigkeit der Demokratie in einer bestimmten Gesellschaft zu geben. „Stabilität" soll daher Dahls acht institutionelle Garantien umfassenden Kriterienkatalog dieser Arbeit um ein weiteres, *nicht* demokratieexklusives Merkmal ergänzen.

2.2) Transitionsforschung

In der sozialwissenschaftlichen Theoriebildung der Transitionsforschung existieren zwei große Paradigmen, nämlich System und Akteur bzw. Struktur und Handlung.[32] Während in den 50er und 60er Jahren vor allem makrosoziologische Theoriestränge verfolgt wurden, waren die 80er Jahre durch mikropolitologische-akteurstheoretische Überlegungen geprägt.[33] Erst in den späten 80er bzw. frühen 90er Jahren kam es zu einer gleichwertigen Koexistenz system- und akteurstheoretischer Ansätze, was sich dadurch erklären lässt, dass die theoretische Ausrichtung der Transitionsforschung stets historischen Ereignissen gefolgt ist.[34] Veränderte historische und politische Rahmenbedingungen haben kontinuierlich zu kleineren Paradigmenwechseln und einer damit einhergehenden neuen Forschungsperspektive geführt.

Die makrosoziologischen Strömungen kennzeichnen sich schwerpunktmäßig dadurch, dass sie politische Prozesse ausschließlich über wahrscheinliche oder notwendige Ursache-Wirkungs-Beziehungen erklären und somit einen zumeist deterministischen Kausalzusammenhang zwischen dem Einsetzen und der Dauer von demokratischen Regimen einerseits und

---

[29] *vgl. Huntington 1991: 11*
[30] *Ebd.*
[31] *vgl. Merkel 1998: 38/39*
[32] *vgl. Merkel 1996: 303*
[33] *Ebd.*
[34] *vgl. Merkel 1996: 304*

strukturellen oder systemischen bzw. kulturellen oder sozioökonomischen Variablen herstellen.[35] Die Akteursansätze sind die dementsprechende Gegenkonzeption zu den linear determinierten makrosoziologischen Theoriekonzepten. Nicht systemische oder strukturelle Ursachen, sondern menschliche „Verursacher", d.h. Akteure bzw. Akteursgruppen gelten als der bestimmende Faktor für die Verläufe, Formen und Ergebnisse von Transitionsprozessen.[36]

Ihren Ursprung hat die Transitionsforschung in der nordamerikanischen Vergleichenden Politikwissenschaft der 1950er-1970er Jahre,, wobei sie ihren wichtigsten Impetus den politischen Umbrüchen in Südeuropa, Lateinamerika und Osteuropa seit Mitte der 1970er Jahre verdankt.[37] Seit der Herausgabe der *"Transitions from Authoritarian Rule"* - Studie unter der Herausgeberschaft von O'Donnell, Schmitter und Whitehead im Jahr 1986 kann von einem einheitlichen Forschungsfeld gesprochen werden.[38] Neben der Entwicklung transitologischer Demokratiekonzeptionen, die den Zielpunkt und das Produkt von Transitionen darstellen, gehören insbesondere die Entwicklung von Theorieansätzen zur Erklärung der Ursachen bzw. Auslöser von Transitionen sowie die Entwicklung von Theorieansätzen zur Einteilung des Transitionsprozesses in chronologische Stadien zu den zentralen Forschungsfeldern der Transitionsforschung.[39] Die seit 1989 anhand der Umbruchprozesse in Mittel- und Osteuropa neu entstandene deutsche Transformationsforschung hat sich dabei als relativ eigenständiges Forschungsfeld entwickelt. Die unterschiedlichen Ausgangslagen beider Forschungsrichtungen erklären die unterschiedliche Terminologie. So benutzt die Transitionsforschung, die auf den politischen Sektor beschränkten Begriffe „Regime" und „Transition" während die Transformationsforschung Begriffe wie „System" und „Transformation", die beide für den Wechsel nicht nur politischer, sondern insbesondere auch gesellschaftlicher und wirtschaftlicher Ordnungen stehen, gebraucht.[40]

Diese Arbeit untersucht analog zur Transitionsforschung ausschließlich politische Wechselprozesse und nicht wirtschaftliche Transformationen, weshalb sich die Untersuchung auf die Theorien der Transitionsforschung beschränken. Der Termini „Regime" steht dabei für einen politischen Zustand, der einen Herrschaftstypus anzeigt; der Termini „Transition" für einen politischen Prozess, der den Wechsel von Herrschaftstypen beinhaltet und primär den politischen Sektor fokussiert.[41] Es handelt sich folglich um ein Intervall zwischen zwei verschiedenen politischen Regimen, dessen Ausgangspunkt eindeutig und durch die Ablösung

---

[35] vgl. Schmädeke 2011: 39
[36] vgl. Schmädeke 2012: 77
[37] vgl. Schmädeke 2011: 29
[38] vgl. Schmädeke 2011: 29/33
[39] vgl. Schmädeke 2011: 29
[40] vgl. Schmädeke 2012: 139
[41] vgl. Schmädeke 2012: 8/10

eines autoritären Regimes gekennzeichnet ist, während die Richtung und der Endpunkt der Transition unsicher und ungewiss sind.[42] Eine einmal begonnene Transition muss daher nicht notwendigerweise in einer Demokratie münden.

In der Wissenschaft der Transitionsforschung besteht ein relativer Konsens über die vorangegangenen Demokratisierungsprozesse, die im Sinne einer globalen wellenförmigen Bewegung historisch in drei große Demokratisierungswellen unterteilt werden.[43] Samuel P. Huntington definiert eine Demokratisierungswelle folgendermaßen:

"A wave of democratization is a group of transitions from nondemocratic to democratic regimes that occur within a specified period of time and that significantly outnumber transitions in the opposite direction during that period of time." [44]

Die erste Welle hatte ihre Wurzeln in der französischen und amerikanischen Revolution und zog sich langsam verstärkend über das gesamte 19. Jahrhundert hin. Als zweite Welle wird der nach 1945 durch Beendigung des 2. Weltkrieges kurz einsetzende Demokratisierungsschub bezeichnet. Die „dritte Welle der Demokratisierung" hatte ihren Ausgangspunkt in den demokratischen Regimewechseln im Südeuropa der 70er Jahre, darauf folgte zu Beginn der 1980er Lateinamerika, worauf durch die Mechanik eines „regionalen Dominoeffektes" die anhaltende dritte Demokratisierungswelle Ostasien erreichte und ihren Höhepunkt mit dem Fall der Berliner Mauer und dem Zerfall der ehemals kommunistischen Staaten Mittel- und Osteuropas erreichte.[45] Im Verlauf dieser Welle wechselten zwischen 1974 und 1996 insgesamt 79 Staaten von diktatorischen zu demokratischen Herrschaftsformen.[46] Huntington betont, dass die Ansteckungseffekte der regionalen Wellen zwar nicht die primäre Ursache für das Ende autokratischer Herrschaftsordnungen waren, dass diese jedoch im Zeitalter der intensiveren internationalen Kommunikation als veritable „Verstärkungseffekte" wirkten.[47] So vollziehe sich eine erfolgreiche Demokratisierung in einem ersten Staat und stimuliere dadurch die Demokratisierung in weiteren Ländern, entweder weil diese mit ähnlichen Problemen konfrontiert sind und die Demokratie Lösungsansätze offeriert oder weil jenes „nun demokratisierte Land" als mächtig gilt und/ oder als politisches und kulturelles Vorbild.[48]

In diesen Kontext eingeordnet, ist zu verstehen, dass nach Ausbruch des Arabischen Frühlings im Winter 2010, die Frage aufgeworfen wurde, ob eine „vierte Demokratisierungswelle" im Entstehen war.

---

[42] vgl. O'Donnell/Schmitter 1986: 64
[43] vgl. Schmädeke 2012: 88
[44] Huntington 1991: 15
[45] vgl. Merkel 1998: 9
[46] vgl. Huntington 1991: 26
[47] vgl. Merkel 1998: 61
[48] vgl. Huntington 1991: 100

2.2.1) Makrotheoretischer Ansatz

Die makrosoziologischen Ansätze der Transitionsforschung orientieren sich an drei zentralen Ausrichtungen; Erstens dem modernisierungstheoretischen Ansatz, der einen direkten Kausalzusammenhang zwischen der wirtschaftlichen Entwicklung eines Landes und der Möglichkeit von Demokratisierung unterstellt; Zweitens der strukturalistischen Strömung, die einen direkten Kausalzusammenhang zwischen den historischen und sozialen Strukturen einer Gesellschaft und den Chancen von Demokratisierung herstellt; Drittens dem kulturalistischen Ansatz, der einen direkten Kausalzusammenhang zwischen den Werten und Überzeugungen der politischen Eliten und/ oder der Bevölkerung und der Möglichkeit von Demokratisierung sieht.[49] Die Chancen einer Demokratisierung sind den makrotheoretischen Ansätzen folgend weder zufällig noch kurzfristig, sondern an bestimmte Vorbedingungen geknüpft.[50] Demzufolge sind sie vorhersagbar. Die Rolle und das Handeln der Akteure sind den strukturellen oder systemisch-funktionalen Ursachen immer untergeordnet.[51]

2.2.1.1) Modernisierungstheoretischer Ansatz

Die Modernisierungstheorie weist eine lange Tradition auf, die ihre Anfänge in der Aufklärungsepoche des 18. Jahrhunderts hat, sich mit den Klassikern der Sozialwissenschaften von Marx, Durkheime und Weber Ende des 19./ Anfang des 20. Jahrhunderts fortsetzte und bis zur Etablierung und Wirkmächtigkeit der klassischen Modernisierungstheorie Seymour Martin Lipsets und Talcott Parsons nach dem 2. Weltkrieg reicht.[52]

Lipsets[53] bereits 1959 formulierte Hauptthese besagt kausalanalytisch, dass wirtschaftliche Entwicklung über die Minderung von Armut und extremer sozialer Ungleichheit eine Veränderung der Klassen- und Schichtstruktur mit sich bringt, d.h. die Entstehung einer bürgerlichen Mittel- und industriellen Arbeiterklasse bedingt, sowie die Anhebung des allgemeinen Bildungsniveaus, was zu einer generellen Temperierung und Rationalisierung der politisch-kulturellen Einstellungen, Verhaltensweisen und Konfliktorientierungen unter den Herrschenden wie den Beherrschten führt.[54] In der Folge entwickelt sich eine breite, pluralistisch orientierte und politisch aktive Mittelschicht heraus, die auf demokratische Freiheiten und Partizipationsformen setzt und als Fundament einer Demokratisierung gilt.[55] Während

---

[49] *vgl. Schmädeke 2011: 36/37*
[50] *vgl. Schmädeke 2011: 39*
[51] *vgl. Schmädeke 2012: 35*
[52] *vgl. Kollmorgen 2015:77*
[53] *Lipsets strukturalistische Modernisierungstheorie gilt als klassischer Ansatz und wird als flexibel betrachtet, da er einen komplementären Ansatz nicht ausschließt. Lipsets Modell soll daher als Grundlage des modernisierungstheoretischen Ansatzes dieser Arbeit dienen.*
[54] *vgl. Kollmorgen 2015:81*
[55] *vgl. Schmädeke 2011: 41*

Wirtschaftswachstum für Demokratien stets legitimierend wirkt, birgt es für autokratische politische Systeme ein doppeltes Dilemma.[56] Autokratien verlieren bei schlechter wirtschaftlicher Bilanz ihre „Legitimität", doch unter Bedingungen steigender wirtschaftlicher Wohlfahrt wachsen die Aspirationen weiter Bevölkerungsteile auf politische Teilhabe und Mitsprache, was auch zu einem Legitimitätsverlust führt. Ist ein demokratisches politisches System dahingegen erst einmal etabliert, wird es durch Wirtschaftswachstum und Massenwohlstand weiter legitimiert und konsolidiert.[57] Es gilt Lipset folgend:

"The more well-to-do a nation, the greater the chances that it will sustain democracy." [58]

Als Gradmesser der wirtschaftlichen Entwicklung können dabei folgende Indikatoren gefasst werden: Industrialisierung, Urbanisierung, Bildungsstand und BIP. Ähnliche sozialstrukturelle Kategorien werden auch im „Human-Development-Index" (HDI) anhand der drei Dimensionen: Gesundheit, Bildung und Einkommen (Indikatoren: Alphabetisierungsrate, Jahre der Schulausbildung, mittlere Lebenserwartung und Pro-Kopf-Einkommen) verwandt, um einen Überblick über die soziale Lage der 193 VN-Mitgliedsstaaten zu geben und so Modernisierungsprozesse mit einfachen Sozialindikatoren zu bewerten.[59] Dass die Requisiten der Modernisierungstheorie jedoch nicht auf sozioökonomische Faktoren beschränkt werden können, hat Lipset akzentuiert, nicht zuletzt angesichts abweichender Fälle wie Botswana und Indien; und umgekehrt relativen Wohlstandsgesellschaften wie China, Russland oder die Erdöl exportierenden Staaten des Nahen Osten, wie Saudi-Arabien.[60] Letztere Ausnahmen weisen zwar ein hohes BIP auf, können Lipset (1993) folgend aufgrund ihrer „rentenkapitalistischen Formen", dem politischen Neopatrimonialismus, der religiösen Intoleranz sowie vorherrschender Frauendiskriminierung nicht als moderne Gesellschaften bezeichnet werden.[61] In diesem Zusammenhang weist Lipset auf den kulturellen Faktor in Anbindung an religiöse Traditionen hin und unterstreicht, dass Demokratien eine von den breiten Massen und den Eliten getragene „unterstützende Kultur", d.h. einer „Politischen Kultur", bedürfen.[62] Es wird daher das gegenseitige Bedingen der beiden Faktoren betont, ohne eine deterministische Logik zu unterstellen.[63]

Die Ansicht, dass längerfristig die marktwirtschaftliche Modernisierung der Wirtschaft und mit ihr der Gesellschaft eine grundlegende Voraussetzung für die Entwicklung der Demokratie sind,

---

[56] vgl. Merkel 2010: 45
[57] vgl. Kollmorgen 2015: 81
[58] Lipset 1981: 469
[59] vgl. Zapf 1996: 173
[60] Kollmorgen 2015:81/82
[61] Merkel 2010
[62] Kollmorgen 2015: 82
[63] Kollmorgen 2015: 83

teilen viele Demokratieforscher.[64] Es wird als ein wichtiger, aber nicht hinreichender Grund betrachtet.[65] Denn die Modernisierungstheorie kann nicht die Ursachen, Abläufe sowie die Ergebnisse von Demokratisierungsprozessen erklären, sondern bietet lediglich einen globalen Durchschnittstrend an, von dessen Tendenz es Ausnahmen gibt.[66] Es handelt sich um eine stumme Theorie gegenüber günstigen bzw. ungünstigen Akteurskonstellationen und Handlungssituationen für die Durchsetzungschancen von Demokratien.[67] Daher bedarf es Argumente jenseits der Modernisierungstheorie - Erklärungsansätze, die die Leerstellen zwischen sozioökonomischen Voraussetzungen und politischem Handeln überbrücken, ohne dabei die Erkenntnispotenziale des modernisierungstheoretischen Ansatzes zu verlieren.[68]

2.2.1.2) Strukturalistischer Theorieansatz

Die Strukturtheorie entwickelte sich in den 1960er/ 70er Jahren als Gegenposition zur klassischen soziologischen Modernisierungstheorie heraus, da den modernisierungstheoretischen Ansätzen insbesondere von neomarxistischen Kritikern das Ausblenden von Machtstrukturen sowie ein naiver Fortschrittsglaube vorgeworfen wurde.[69] Dementsprechend setzt die strukturalistische Forschung an dieser Lücke an. Sie untersucht die gesellschaftliche Verteilung von Machtressourcen sowie die historisch bedingten Veränderungen der Macht- und Interessenkonstellationen mit dem Ziel, die „sozio- und machstrukturellen Zwänge"[70] aufzudecken, denen politische Wechselprozesse unterliegen.[71] Die verschiedenen Strömungen innerhalb des Forschungsansatzes teilen die Grundannahme, dass der Erfolg bzw. Misserfolg von Demokratisierungs- und Konsolidierungsprozessen das Resultat langfristiger Verschiebungen in den Machtstrukturen einer Gesellschaft ist.[72] Das alleinige Faktum wirtschaftlicher Entwicklung garantiert demnach keine Demokratisierung. Bereits der Zusammenbruch mehrerer demokratischer Regime in Europa während der Zwischenkriegszeit ließ die These eines universellen und irreversiblen Modernisierungspfades, dem alle Gesellschaften ab einem bestimmten Wohlstands- und Bildungsniveau folgen, fragwürdig erscheinen.[73] Diese Entwicklungen führten zu der Erkenntnis, dass das mit wachsendem Wohlstand und Bildung einhergehende Erstarken der Mittelschicht nicht notwendigerweise zur

---

[64] vgl. Merkel 2010: 74
[65] vgl. Merkel 2010: 73
[66] vgl. Merkel 2010: 75
[67] Ebd.
[68] Ebd.
[69] vgl. Brückner 2015: 99
[70] vgl.Giddens 1993
[71] vgl. Brückner 2015: 99, vgl. Merkel 2010: 76
[72] vgl.Merkel 2010: 76
[73] vgl.Brückner 2015: 99

Verbreitung einer demokratischen politischen Kultur beiträgt, sondern je nach gesellschaftlichem Kontext und der Interessenlage entweder demokratischen oder autokratischen Entwicklungen Vorschub leistet.[74] Demokratisierung und Konsolidierung waren offensichtlich nicht das zwangsläufige Ergebnis eines universellen soziokulturellen Evolutionsprozesses, sondern lediglich eine mögliche Folge von komplexen Veränderungen der historisch gewachsenen Klassen- und Machtverhältnisse in einer Gesellschaft.[75] Vor dem Hintergrund dieser Annahme versuchte der US-amerikanische Politikwissenschaftler Barrington Moore 1966 erstmals systematisch die Faktoren herauszuarbeiten, die Gesellschaften auf einen demokratischen oder autokratischen Entwicklungspfad führen.[76] Mit spezifischem Blick auf die sozialen Ursprünge der Herausbildung einer Diktatur bzw. Demokratie begründete Moore schließlich ein neues Paradigma der Transformationsforschung.[77] Der finnische Politikwissenschaftler Tatu Vanhanen ergänzte Moores neomarxistischen Ansatz mit dem evolutionären und stärker quantitativ orientierten Machtressourcen- bzw. Machtdispersionsansatz. Dabei setzt auch Vanhanen nicht einen bestimmten Grad wirtschaftlicher Entwicklung als zentrale Vorbedingung der Demokratie voraus, sondern ein Gleichgewicht der Machtverteilung zwischen den verschiedenen gesellschaftlichen Gruppen.[78] Es spielen daher nicht die Machtbeziehungen einer Schicht eine Rolle, sondern die Machtbeziehungen zwischen den sozialen Klassen und dieser zum Staat bzw. die generelle Verteilung von Machtressourcen in einer Gesellschaft.[79] Demokratisierungsprozesse sind Vanhanens Machtdispersionsansatz folgend umso erfolgsversprechender, desto breiter die Streuung der Machtressourcen in einer Gesellschaft ist.[80] Der Strukturalismus kann durch die Betonung sozio- und machtstruktureller Voraussetzungen erfolgreicher Demokratisierung als wichtige Theoriebrücke zwischen der Modernisierungstheorie und den akteurstheoretischen Ansätzen angesehen werden,[81] weist insgesamt jedoch Lücken auf. Denn trotz der Einsichten in die Machtstrukturen von Staat und Gesellschaft wird die Komplexität der Interessenlagen innerhalb sozialer Großklassen von den Strukturalisten unterschätzt.[82] Soziale Klassen sind nicht automatisch homogen handelnde kollektive Akteure; Sie sind weder in der Lage, sich immer kollektiv zu organisieren noch stets

---

[74] vgl.Brückner 2015: 99
[75] Ebd.
[76] Dafür vergleicht Moore in "Social Origins of Democracy and Dictatorship" (1966), sich auf die Marx'schen Klassenanalysen stützend, die historische Entwicklung von acht Ländern bezüglich deren Umwandlung von Agrargesellschaften zu modernen Industriegesellschaften. Hierbei macht er drei Entwicklungspfade von der agrarischen zur modernisierten Gesellschaft aus: 1) Demokratie, 2) Kommunismus, 3) Faschismus.
[77] Bzgl. der strukturalistischen Ansätze erscheint der Begriff „Transformationsforschung" geeigneter als „Transitionsforschung", da insbesondere die neomarxistischen Transformationsansätze „per se" einen Wandel der Wirtschafts- und Gesellschaftsordnung bei politischen Wechselprozessen voraussetzen.
[78] vgl. Vanhanen 1990: 195
[79] vgl. Merkel 2010: 78
[80] vgl.Vanhanen 1992: 21; Merkel 2010: 78
[81] vgl. Brückner 2010: 110
[82] vgl. Merkel 1999: 94

einheitlich zu handeln. Zudem erfassen die strukturalistischen Theorieansätze das strategische Handeln von Eliten im Verlauf von Transformationsprozessen nicht hinreichend, ebenso wenig wie sie die religiös kulturelle Einbettung von Klassenbeziehungen, Staatshandeln und Machtverteilung berücksichtigen.[83]

2.2.1.3) Kulturalistische Theorie

Die zentrale These kulturalistischer Theorieansätze lautet, dass es bestimmte Werte und Überzeugungen gibt, die eine Demokratisierung begünstigen oder gar einleiten, während andere Werte und Überzeugungen als hinderlich, auf eine Demokratisierung wirkend, eingestuft werden.[84] Bei den kulturell-religiösen Ansätzen wird die Notwendigkeit einer säkularen Tradition bzw. die Dominanz oder der Ausschluss einer bestimmten Religion oder Strömung innerhalb einer Religion für den erfolgreichen Demokratisierungsprozess betont.[85] Neben den religiösen Kulturen, von diesen aber auch beeinflusst, spielen gesellschaftliche Einstellungen, soziale Traditionen und die historischen Erfahrungen von Gemeinschaft und Kooperation eine wichtige Rolle, wohinter die Überlegung steht, dass formale politische Institutionen allein instabil sind, solange ihnen die angemessene gesellschaftliche Akzeptanz durch eine demokratiefreundliche Zivilkultur fehlt.[86] So unterstreichen Almond und Verba[87] in *"The Civic Culture"* eine bestimmte Kombination aus grundlegenden politischen Einstellungen, die demokratieförderlich sind.[88]

Kulturelle Faktoren spielen in jeder Phase des Transitionsprozesses eine kritische Rolle, jedoch auf unterschiedlichen Ebenen.[89] Während es in der Auflösungsphase Ideologien und Diskurse sind, die die Fundamente des Systems in Frage stellen und in der Konsolidierungsphase insbesondere den Masseneinstellungen eine fundamentale Bedeutung zu kommt, sind es während des Machtübergangs[90] vor allem die lokalen Kulturen der verhandelnden Eliten, denen

---

[83] *vgl.Merkel 1999: 94*
[84] *vgl. Schmädeke 2012: 37*
[85] *vgl. Schmädeke 2012: 38*
[86] *vgl.Merkel 2010: 83*
[87] *vgl. Almond/ Verba 1963: 5*
[88] *Die Herausbildung einer demokratiestabilisierenden Bürgergesellschaft bzw. einer „Politischen Kultur" (Almond/Verba 1963) wird auch in dieser Arbeit als grundlegend für eine legitimierte und funktionierende Demokratie angesehen. Es sind jedoch vorwiegend der Prozess der Konsolidierung einer Demokratie und ihr Fortbestand, die die Zustimmung und Unterstützung breiter Teile der Bevölkerung benötigen. So bedarf es u.a laut Merkel (1998: 89) bis zu einem bestimmten Konsolidierungsgrad einer Demokratie paradoxerweise nur in sehr geringem Maße der aktiven Beteiligung des Demos, sondern verstärkt der gestaltenden Eliten und einflußnehmenden Akteure. Da die Aspekte der Konsolidierungsforschung jedoch nicht Bestandteil dieser Arbeit sind, wird auf die maximalen „Konsolidierungs"- Theorien Almond und Verbas in dieser Arbeit nicht weiter eingegangen.*
[89] *vgl. Kubik 2015: 121*
[90] *Die „Politische Kultur" ist eine notwendige Bedingung für die Konsolidierung und das Funktionieren einer Demokratie. Für den politischen Wechselprozess „per se" ist die Bürgergesellschaft jedoch nicht ausschlaggebend (siehe dafür: Merkel 1998: 89). Der geringe Einfluss des religiösen Islam als fundamentalistische Zuspitzung ist hingegen eine notwendige Bedingung für den Prozess der Machtübergabe bzw. den Demokratisierungsprozess einer Gesellschaft. Da in dem vierjährigen Untersuchungszeitraum politischer Wechselprozesse in dieser Arbeit der Schwerpunkt auf dem Prozess der Machtübergabe liegt, sollen die religiös-kulturellen Theorien innerhalb des kulturalistischen Theorieansatzes im Vordergrund stehen und Almond/Verbas (1963) „Politischer Kultur" vorgezogen werden.*

große Aufmerksamkeit gelten muss.[91] Zudem sind die tief verwurzelten religiös-kulturellen Traditionsbestände für die Analyse der Herausforderungen erfolgreicher Demokratisierung deshalb von Bedeutung, weil sie sich anders als politische Institutionen und selbst noch anders als gesellschaftliche Strukturen einer kurzfristigen intendierten Veränderung entziehen.[92]

Am Ende des 20. Jahrhunderts hat die Frage nach den kulturellen und zivilisatorischen Voraussetzungen der Demokratie mit Samuel P. Huntingtons Essay, das den populistisch anmutenden Titel "*The Clash of Civilizations?*" (1993) trägt, große Aufmerksamkeit gewonnen. Huntingtons Kulturhypothese[93] besagt, dass es einige religiöse Kulturen gibt, die der Demokratie positiv und andere, die ihr ausgesprochen skeptisch, wenn nicht gar „feindlich" gegenüberstehen.[94] Die islamische Kultur (sowie die konfuzianische) ordnet Huntington dabei als schwer vereinbar mit der liberalen Demokratie ein.[95] Zugleich betont er die ausgeprägte Komplexität beider Kulturen, die wie jede andere Kultur demokratieförderliche und demokratiefeindliche Elemente besitzen. Daher gilt es stets zu klären, welche Aspekte des Islams demokratieförderlich sind, und unter welchen Umständen diese Aspekte, die undemokratischen Elemente kultureller Traditionen verdrängen können.[96] Egalitarismus und Voluntarismus sieht Huntington[97] dabei als zentrale Themen im Islam. Gleichzeitig betont er,[98] dass dieser jegliche Unterscheidung zwischen der religiösen und der politischen Gemeinschaft ablehnt, was bedeutet, dass politische Partizipation mit der religiösen Zugehörigkeit zusammenhängt. Im Zuge dessen weist Huntington darauf hin, dass es die Trennung und die immer neuen Konflikte von Kirche und Staat, die für die westliche Kultur typisch sind, in keiner anderen Kultur gegeben hat. Doch gerade dieser Teilung der Herrschaft schreibt Huntington einen unermesslichen Beitrag zur Entwicklung der Freiheit im Westen zu.[99] Das muslimische Konzept vom Islam als einer Lebensform, die Religion und Politik transzendiert und vereinigt, und dem westlich-christlichen Konzept von den beiden getrennten Reichen Gottes und des Kaisers, deutet Huntington als einen der bedeutendsten Unterschiede zwischen den beiden Kulturen.[100] Huntington[101] geht daher von einem generellen Unvermögen liberaler Demokratie aus, in muslimischen Gesellschaften Fuß zu fassen, was er als ein kontinuierlich, wiederkehrendes Phänomen seit

---

[91] *vgl. Kubik 2015: 121-122*
[92] *vgl. Merkel 2010: 79*
[93] *Huntingtons provokative, populäre Zivilisations-Theorie wurde seit ihrer Veröffentlichung viel diskutiert, rezitiert und stark kritisiert, letzteres insbesondere da sie nicht frei von anglo-eurozentristischen Perspektiven ist, eine grob vereinfachte Weltformel darstellt (u.a. werden die internen Differenzen innerhalb von Kulturräumen ausgeblendet) und teils schwammige Begriffe verwendet. Nichtsdestotrotz ist Huntingtons Werk zu einem Klassiker mutiert und der Kern seiner Analyse ist auch nach über 20 Jahren für viele (Politik-)Wissenschaftler richtungsweisend.*
[94] *vgl. Huntington 1991: 300*
[95] *Ebd.*
[96] *vgl. Huntington 1991: 310*
[97] *vgl. Huntington 1991: 307*
[98] *vgl. Huntington 1996: 100*
[99] *Ebd.*
[100] *vgl. Huntington 1996: 337*
[101] *vgl. Huntington 1996: 177*

Ende des 19. Jahrhunderts beschreibt. Die Quelle dieses Unvermögens sieht er zumindest teilweise in der für westliche liberale Konzepte „unwirtlichen Natur der islamischen Kultur und Gesellschaft."[102] Der Islamismus als fundamentalistische Zuspitzung des religiösen Islams[103] steht dabei im grundlegenden Widerspruch zur Demokratie.[104] Denn insofern politische Legitimität aus religiösen Prinzipien begründet wird und die konkrete Politik nicht demokratisch wandelbaren Präferenzen unterworfen wird, sondern sich überzeitlich geltenden Dogmen verpflichtet, gibt es keine Versöhnungsmöglichkeiten mit der Demokratie, deren Politik ja gerade der Kontingenz von periodisch stattfindenden Wahlen unterworfen ist.[105] Hierbei handelt es sich um einen theoretisch nicht aufzulösenden Widerspruch.[106] Huntington zufolge besitzt die islamische Lehre trotz dieser mit der Demokratie unvereinbaren Elemente, dennoch auch mit ihr konkordante.[107] Gleichzeitig betont er, dass in der islamischen Welt des Vorderen Orients einzig die Türkei ein relativ demokratisches politisches System etablieren konnte, welches aber gerade eben in der expliziten Zurückweisung islamischer Gesellschaftskonzepte geschah.[108] Zudem sind nach Huntington in den bisher stattgefundenen Liberalisierungsprozessen in den arabischen Staaten stets islamistische Bewegungen Nutznießer dieser Öffnungen gewesen, weshalb die westliche Demokratie in der arabischen Welt insbesondere anti-westliche politische Kräfte gestärkt habe.[109] Daraus schließt er, dass unabhängig davon, was die Theorie über die Kompatibilität von Islam und Demokratie besagt, die Praxis den Beweis dafür liefere, dass beide Konzepte unvereinbar miteinander sind.[110]

Doch auch Huntington erkannte, dass Kulturen keine statischen, sondern dynamische Faktoren sind, weshalb auch der Islam in seinem politischen und gesellschaftlichen Anspruch dem Wandel unterworfen ist.[111] Versöhnungsmöglichkeiten zwischen dem islamischen Glauben und der Demokratie sind bei gemäßigten Varianten des Islams gegeben, so dass es nicht der Islam „per se" ist, der im diametralen Widerspruch zur Idee der Demokratie steht, sondern seine fundamentalistische Variante.[112] Hinsichtlich der religiös-kulturellen Faktoren gelten diese erst dann als Hindernisse der Demokratisierung einer Gesellschaft, wenn sie den Vorrang vermeintlich göttlichen Rechts über demokratisch konstituierte rechtsstaatliche Ordnungen

---

[102] *vgl. Huntington 1996: 177*
[103] *Mit Islamismus wird sich in dieser Arbeit (nach Merkel 2010) auf eine fundamentalistische Variante des Islams, die eine generelle Superiorität religiöser Prinzipien über politische Entscheidungen einfordert, bezogen.*
[104] *vgl. Merkel 2010: 82*
[105] *vgl. Huntington 1991: 307*
[106] *vgl. Merkel 2010: 82*
[107] *vgl. Huntington 1991: 307*
[108] *Ebd.*
[109] *vgl. Huntington 1993: 32*
[110] *vgl. Huntington 1991: 308*
[111] *vgl. Huntington 1991: 311, vgl. Kollmorgen 2015: 82*
[112] *vgl. Merkel 2010: 82*

reklamieren.[113] Die Säkularisierung der Gesellschaft sowie die Trennung von Kirche und Staat sind daher günstige Voraussetzungen für die Demokratie,[114] während die Tendenz einer fundamentalistisch-religiösen Kultur den demokratischen Institutionen die eigenständige demokratische Legitimität versagt und die Demokratisierung von Staat und Gesellschaft belastet.[115]

Doch gerade im ausgehenden 20. Jahrhundert erkannte Huntington ein globales Wiedererstarken von Religionen in aller Welt, was insbesondere eine Intensivierung des religiösen Bewusstseins und den Aufstieg fundamentalistischer Bewegungen mit sich gebracht hat.[116] Einen der wichtigsten Gründe für dieses religiöse Erstarken schreibt Huntington der sozialen, wirtschaftlichen und kulturellen Modernisierung zu, die in der 2. Hälfte des 20. Jahrhunderts die ganze Welt erfasst hat.[117] So erfordern Zeiten rapiden gesellschaftlichen Wandels neue Quellen der Identität, die ein Gefühl von Sinn und Zweck vermitteln.[118] Die Re-Islamisierung wird dabei durch das demokratische Paradoxon begünstigt, dass die Übernahme westlich-demokratischer Institutionen durch nichtwestliche Gesellschaften die nativistischen und antiwestlichen Bewegungen erst ermutigt und ihnen Zugang zur Macht verschafft.[119] Das erklärt wiederum, warum die islamisch-fundamentalistischen Bewegungen besonders stark in den scheinbar säkularen Gesellschaften wie z.B. Tunesien sind, wo sie die Ablehnung der westlichen Werte und der mit dieser assoziierten laizistisch, relativistischen, degenerierten Kultur sowie den Institutionen zum Ausdruck bringen sollen.[120] Eine Modernisierung wird zwar befürwortet, die Verwestlichung jedoch strikt abgelehnt. Die islamische Resurgenz ist für Huntington folglich eine globale religiöse Erneuerung, die „Wiederkehr des Sakralen", die eine Reaktion auf die Globalisierung, die Perzeption der Welt als eines „einzigen Ortes", darstellt.[121]

Doch weder Religion im Spezifischen noch Kultur im Allgemeinen können „per se" Demokratie erzeugen oder diese zum Einsturz bringen, da sie nur eine Abstraktion darstellen.[122] Politische Wechselprozesse werden durch die Handlungen von Akteuren vorwärts getrieben oder gehemmt, wobei diese wiederum in ihren Handlungen - neben anderen Ressourcen und Schranken - von kulturellen Elementen wie Diskursen, Symbolen oder Einstellungen angeleitet oder eingeschränkt werden.[123]

---

[113] vgl. Merkel 2010: 82
[114] vgl. Huntington 1996: 153
[115] vgl. Merkel 2010: 83
[116] vgl. Huntington 1996: 89/90
[117] vgl. Huntington 1996: 146
[118] vgl. Huntington 1996: 146/7
[119] vgl. Huntington 1996: 41
[120] vgl. Huntington 1996: 153-155
[121] vgl. Huntington 1996: 96
[122] vgl. Kubik 2015: 122
[123] Ebd.

2.2.2) Akteurstheoretischer Ansatz

Bei den akteurstheoretischen Ansätzen steht die Mikro-Mesoebene der handelnden Akteure im Vordergrund, die makrotheoretischen Theorien gelten nur als struktureller Rahmen, der den Handlungsrahmen für die demokratisierungswilligen Akteure und ihre Opponenten absteckt.[124] Insofern also ein notwendiges Minimum ökonomischer, kultureller und struktureller Voraussetzungen gegeben ist, sind politische Strategien, Allianzen und Handlungen umso wichtiger, je weiter diese notwendigen von den hinreichenden Bedingungen erfolgreicher Demokratisierung entfernt sind.[125] Der Ausgang von Transitionsprozessen ist demnach weniger von Strukturen oder Machtkonstellationen abhängig als von den subjektiven Einschätzungen, Strategien und Handlungsmöglichkeiten durch die relevanten Akteure.[126] Die Unbestimmtheit der Ergebnisse politischer Transitionen ist dabei keineswegs nur ein Nebenprodukt unzureichender Informationen der beteiligten Akteure, sondern vielmehr ein definierendes Merkmal von Transitionsprozessen selbst, wo die temporäre Verflüssigung von Institutionen und Normen die strategischen Wahlmöglichkeiten der Akteure extrem erweitert.[127] Transitionsprozesse werden daher als plötzlich, ungeordnet und unvorhersehbar eingestuft und basieren auf dem theoretischen Prinzip der Ungewissheit.[128]

2.2.2.1) Rüstow

Der Paradigmenwechsel in der Transitionsforschung von den makrotheoretischen Ansätzen hin zu den akteurstheoretischen, die die drei grundlegenden Elemente: Akteure, Entscheidungen und Kontingenz einführen, vollzog sich in den 1970er Jahren.[129] Eingeleitet wurde dieser durch den Aufsatz von Dankwart Alexander Rüstow *"Transitions to Democracy: Toward a Dynamic Model".*[130] Rüstow berücksichtigt in dieser Untersuchung einerseits noch die strukturellen und sozioökonomischen Voraussetzungen erfolgreicher Demokratisierung, andererseits erscheint die demokratische Transition nicht mehr als linear determinierter Evolutionsprozess mit einer deterministischen Ursache-Wirkungs-Abfolge.[131] Korrelierende Faktoren müssen nicht automatisch zu begründenden Faktoren werden.[132] Zudem müssen die Faktoren, die eine

---

[124] *vgl. Merkel 2010: 84*
[125] *Ebd.*
[126] *Ebd.*
[127] *vgl. Merkel 1996: 325*
[128] *vgl. Schmädeke 2012: 53*
[129] *vgl. Kollmorgen/Merkel/Wagener 2015: 15*
[130] *Rüstow vergleicht in dieser Arbeit die Demokratisierungsprozesse von Schweden und der Türkei. Er betrachtet nicht mehr - wie seinerzeit dominierend - soziale und wirtschaftliche Vorbedingungen als erforderlich für eine Demokratisierung, sondern lediglich eine nationale Einheit.*
[131] *vgl. Kollmorgen/Merkel/Wagener 2015: 15; Rüstow 1970: 345, Schmädeke 212: 60*
[132] *vgl. Schmädeke 2012: 60*

Demokratie einleiten, sie nicht auch stabil halten.[133] Vielmehr betont Rüstow, dass es sich um einen Prozess mit einer Vielzahl von Transformationspfaden und Akteuren handelt, wobei dieser offen und zufällig ist:

"[...] there may be many roads to democracy."[134]

Rüstow unterteilt diesen Prozess in ein 3-Phasen Modell, wobei er als alleinige Vorbedingung für das erfolgreiche Durchlaufen der drei Phasen der Transition den Aspekt der „nationalen Einheit" benennt.[135] Die Mehrheit der Bürger muss sich der entsprechenden politischen Gemeinschaft zugehörig fühlen.[136] Dazu bedarf es eines klar abgegrenzten Territoriums sowie einer kontinuierlich existierenden politischen Gemeinschaft; Der Zustand latenter Separation bzw. Sezession muss ausgeschlossen werden.[137]

Weiterhin betont Rüstow in seinem Aufsatz (1970) erstmals die überragende Rolle von Elitenverhalten und Eliteneinstellungen für die Etablierung, Stabilisierung und Destabilisierung von Demokratien.[138]

"The decision in favor of democracy results from the interplay of a number of forces. Since precise terms must be negotiated and heavy risks with regard to the future taken, a small circle of leaders is likely to play a disproportionate role."[139]

Mit dieser grundlegenden Arbeit setzte Rüstow den Grundstein für die einschlägigen Forschungen, der ihm folgenden Akteurs- und Handlungstheoretiker.[140]

2.2.2.2) Guillermo O'Donnell/ Philippe C. Schmitter

Die Politikwissenschaftler Guillermo O'Donnell und Philippe C. Schmitter haben mit ihrem Schlüsselwerk *"Tentative Conclusions about Uncertain Democracies"*, das das Herzstück der *"Transitions from Authoritarian Rule"*- Studie von 1986 bildet, eines der vielleicht einflussreichsten Transitions-Modelle geschaffen.[141] Im Zentrum dieser Arbeit steht die These, dass die Beschaffenheit des alten autoritären Regimes sowie der Verlauf von Transitionen, der durch handelnde Akteure geprägt wird, einen maßgeblicheren Einfluss auf den Ausgang von Transitionsprozessen haben, als langfristige kulturelle, ökonomische oder gesellschaftliche Faktoren.[142] Die sozioökonomischen, kulturellen sowie institutionellen Opportunitätsstrukturen

---

[133] *vgl. Schmädeke 2012: 60*
[134] *Rüstow 1970: 345*
[135] *vgl. Rüstow 1970: 350*
[136] *Ebd.*
[137] *Rüstow 1970: 350 f.*
[138] *vgl. Merkel 1998: 94; Rüstow 1970: 356*
[139] *Rüstow 1970: 356*
[140] *Rüstow ist kein klassischer Akteurs- und Handlungstheoretiker, sondern vielmehr zwischen den makrosoziologischen und mikropolitologisch-akteurstheoretischen Theoriesträngen zu verorten. Da sein Transitionsmodell jedoch einen Gegenentwurf zu den damals dominierenden makrosoziologischen Theorieansätzen darstellt (vgl. Schmädeke 2012: 60) wird er in dieser Arbeit beim akteurstheoretischen Ansatz vorgestellt.*
[141] *vgl. Schmädeke 2012: 19*
[142] *Ebd.*

werden folglich nur als Handlungskorridor begriffen, in denen die handelnden Akteure ihre transitionsrelevanten Entscheidungen treffen.[143] Akteurshandeln wird nach O'Donnell/ Schmitter primär als Elitenhandeln verstanden: Elitendisposition, Elitenkalküle und Elitenpakte sind ausschlaggebend für die erfolgreiche Einleitung einer Transition, die im weiteren Verlauf den Weg für die kollektiven Handlungsmöglichkeiten für die breite Bevölkerungsschicht öffnet.[144] Schmitter[145] benennt vier konkrete Faktorenbündel, die einen für die Eliten prägenden Handlungskorridor bilden, innerhalb dessen diese ihre Ziele verfolgen: *timing, events, trends* und *cycles*.[146] Mit Blick auf die Beschaffenheit des alten autoritären Regimes unterscheiden O'Donnell/ Schmitter grundsätzlich zwei Typen autoritärer Regime. Der erste Typus charakterisiert sich durch große Verwerfungen innerhalb des Regimes, wobei sich die herrschende politische Elite und die Sicherheitskräfte unsicher über ihre Fähigkeiten und Möglichkeiten sind.[147] In diesem Fall ist es wahrscheinlich, dass die Transition von einer mobilisierten Opposition geführt wird, wobei auch hier Verhandlungen und Kompromisse mit denjenigen, die über die Kontrolle der bewaffneten Streitkräfte verfügen, für eine erfolgreich verlaufende Transition unerlässlich sind.[148] Der zweite Typus charakterisiert sich sowohl durch eine hohe Ausprägung der objektiven Leistungs- und Problemlösungsfähigkeit als auch durch das subjektive Selbstbewusstsein des autoritären Regimes.[149] Transitionen sind in diesem Fall eher unwahrscheinlich. Im Falle, dass sie doch eintreten, sind sie durch einen langsamen und kontrollierten Grad der Liberalisierung, der stets von den Amtsinhabern bestimmt wird, gekennzeichnet.[150] Zudem ist die Wahrscheinlichkeit hoch, dass die sozialen und politischen Unterstützer des alten Regimes auch im neuen Regime eine zentrale Rolle spielen werden.[151] Unabhängig von diesen zwei Typen autoritärer Regime gilt, dass die Motive und Umstände, unter denen das alte autoritäre Regime an die Macht gekommen ist, einen nachhaltigen Einfluss auf den Verlauf und das „Endprodukt" einer Transition haben können.[152] Regime, die in Zeiten von Instabilität, Krisen und sozialen Verwerfungen entstanden sind, transportieren ihrer

---

[143] *vgl. Merkel 2010: 88*
[144] *vgl. O'Donnell/ Schmitter 1986: 48*
[145] *vgl. Schmitter 1985: 64*
[146] *O'Donnell/ Schmitter betonen,[146] dass die Liberalisierung und potenzielle Demokratisierung des autoritären Regimes durch das zentrale Element der Mobilisierung und Organisation einer großen Zahl von Individuen vorangetrieben wird, was die Rolle externer Faktoren schwächt. Dennoch setzen diese Faktoren einen Handlungsrahmen für die Akteure, auf den Schmitter[146] in seinem ein Jahr zuvor erschienenem Werk ausführlich eingegangen ist (Schmitter 1985: 18). 1) timing: bezieht sich hierbei auf die international herrschenden Normen, ausländische Unterstützungsleistung und Netzwerke sowie gleichzeitig ablaufende regionale Entwicklungen in Nachbarstaaten, 2) events: bezieht sich auf ausländische Interventionen und Besatzung, militärische Verschwörungen und Kapitalflucht; sowohl 1) und 2) beziehen sich dabei auf ideologische und materielle Unterstützung der Demokratisierung von außen, 3) trends: bezieht sich auf die Höhe und Weiterentwicklung des sozioökonomischen Modernisierungsniveau, die Integration in den Weltmarkt und die Intensität der gesellschaftlichen Konfliktlinien, 4) cycles: bezieht sich auf die Entwicklung der internationalen Wirtschaftskonjunktur, die Entwicklung des Außenhandels und die nationale Beschäftigungs- und Produktionsentwicklung.*
[147] *vgl. Schmädeke 2012: 27*
[148] *vgl. O'Donnell/ Schmitter 1986: 21*
[149] *vgl. Schmädeke 2012: 27*
[150] *Ebd.*
[151] *vgl. Schmädeke 2012: 28*
[152] *vgl. O'Donnell/ Schmitter 1986: 17*

Bevölkerung oftmals die Selbstwahrnehmung als Garanten von Stabilität, Sicherheit und sozialem Frieden und reklamieren einen unausgesprochenen gesellschaftlichen und politischen Konsens für sich.[153] Demgegenüber stehen autoritäre Systeme, denen offensichtlich eine ideologisch begründete und auf Dauerhaftigkeit angelegte Legitimationsbasis fehlt und die sich unter praktischen Erwägungen als „notwendige" Übergangslösung oder als „unvermeidbares" Übergangsstadium zu legitimieren versuchen.[154] Weiterhin gilt, dass die Existenz von demokratischen Institutionen aus der vorautoritären Zeit die Etablierung eines demokratischen Regimes begünstigen können.[155]

Eine erfolgreich verlaufende demokratische Transition besteht für O'Donnell/ Schmitter aus der Vollendung von zwei miteinander verknüpften, aber in sich unabhängigen Subprozessen: *"Liberalization",* der Phase der Liberalisierung und *"Democratization",* der Phase der Demokratisierung. O'Donnell/ Schmitter nehmen dabei ausdrücklich auf Dahls Polyarchykonzeption von 1971[156] Bezug und setzen das Erreichen einer verhältnismäßig dauerhaften und stabilen Mischung von Liberalisierung und Demokratisierung mit Dahls Polyarchie synonym.[157] Ihre theoretische Grundkonzeption ist daher mit Dahls Konzept durchaus vergleichbar.[158] In der Phase der Liberalisierung, die noch innerhalb des autoritären Regimes stattfindet und gleichbedeutend mit dem Einsetzen einer Transition ist, kommt es zu einer ersten politischen Öffnung.[159] Eine Liberalisierung ist insbesondere dann wahrscheinlich, wenn das autoritäre Regime in dieser keine Bedrohung sieht, wobei ein fortschreitender Liberalisierungsprozess die Kosten einer späteren Annullierung für das Regime in die Höhe treibt.[160] So kann eine einmal einsetzende Liberalisierung schnell zu einem unkontrollierbaren Selbstläufer werden, da mit stetigem Liberalisierungsfortschritt die Forderungen einer Demokratisierung steigen.[161] Die Phase der Demokratisierung folgt schließlich auf die Phase der Liberalisierung, muss dies aber nicht zwangsläufig:

"Liberalization can exist without democratization."[162]

Für O'Donnell/ Schmitter markiert diese zweite Phase den Übergang von einem autoritären zu einem demokratischen Regime. In dieser Demokratisierungsphase werden die demokratischen Formen aktiver und passiver Beteiligung institutionalisiert sowie die demokratische

---

[153] *vgl. Schmädeke 2012: 23*
[154] *Ebd.*
[155] *vgl. O'Donnell/ Schmitter 1986: 21*
[156] *siehe Kapitel 2.1.1.*
[157] *vgl. Schmädeke 2011: 135*
[158] *Ebd.*
[159] *vgl. O'Donnell/ Schmitter 1986: 7*
[160] *Ebd.*
[161] *vgl. O'Donnell/ Schmitter 1986: 10*
[162] *O'Donnell/ Schmitter 1986: 10*

Regierungsgewalt ausgeübt.[163] Diese zwei Phasen bestimmen nach O'Donnell/ Schmitter die inhaltliche Qualität des Transitionsprozesses und erlauben es einzuordnen, ob der politische Wechselprozess im Sinne einer demokratischen Transition vollendet wurde.[164] Nebst dieser inhaltlichen Einteilung, unterteilen die beiden Autoren den Transitionsprozess auch in eine chronologische Abfolge von Verlaufsstadien: das erste Verlaufsstadium als Beginn der Transition, das zweite Verlaufsstadium als den Höhepunkt der Transition und das dritte Verlaufsstadium als das Ende der Transition. Den auslösenden Faktor einer jeden Transition sehen O'Donnell/ Schmitter in einer sich vertiefenden Spaltung innerhalb der regierenden Elite des autoritären Regimes.[165] Das grundsätzliche Muster dieser Spaltung ist die Fraktionsbildung in die sogenannten „Hardliner" und die „Softliner".[166] Die Hardliner bilden die uneingeschränkt überzeugten Anhänger des Regimes, die daran glauben, dass die autoritäre Regierungsform sowohl dauerhaft möglich als auch allgemein wünschenswert ist.[167] Mit der „Demokratie" verbinden sie in der Regel Instabilität, Chaos und Unfrieden für das eigene Land.[168] Bei der Gruppe der „Hardliner" handelt es sich um Opportunisten als auch Profiteure des Regimes, denen es weniger um langfristige politische Projekte als um die Sicherheit ihrer Ämter und Privilegien geht.[169] Die „Softliner" befürworten dahingegen langfristig eine begrenzte Öffnung des Regimes, um diesem mehr Legitimität und Attraktivität zu verleihen und einer Stagnation oder Rückentwicklung vorzubeugen.[170] Bei der Gruppe der „Softliner" handelt es sich vorzugsweise um Akteure, die vom Regime profitiert haben und nun ihren Rückzug aus der Politik vorbereiten, ebenso Akteure, die sich durch eine begrenzte Lockerung des Regimes Vorteile und Aufstiegsmöglichkeiten versprechen.[171] Die Initiatoren der Transition sind in der Regel die „Softliner", die eine begrenzte Liberalisierung einleiten, in dem Glauben die volle Kontrolle über diese zu haben.[172] Gegenüber der nach Demokratie strebenden Opposition sehen sie sich in einer starken Position, da sie über das Druckmittel der Androhung eines möglichen Putsches durch die „Hardliner" verfügen.[173] Dieses Druckmittel verkehrt sich im Fortgang der Transition jedoch ins Gegenteil, da im fortschreitenden Prozess der Öffnung nicht mehr nur die Opposition, sondern auch die „Softliner" infolge eines Putsches um ihre politische Existenz

---

[163] vgl. O'Donnell/ Schmitter 1986: 8
[164] vgl. Schmädeke 2012: 20
[165] vgl. O'Donnell/ Schmitter 1986: 19
[166] Ebd.
[167] vgl. O'Donnell/ Schmitter 1986: 16
[168] vgl. O'Donnell/ Schmitter 1986: 24
[169] vgl. Schmädeke 2012: 25
[170] vgl. O'Donnell/ Schmitter 1986: 10
[171] vgl. Schmädeke 2012: 25
[172] vgl. O'Donnell/ Schmitter 1986: 24
[173] Ebd.

fürchten müssen.[174] Diese Existenzangst sowie die Aussicht als „Helden" einer geglückten zukünftigen Transition in die Geschichte einzugehen, bewegt die „Softliner" schlußendlich zu Verhandlungen mit der Opposition.[175]

Im zweiten Verlaufsstadium erweitert sich das politische Spielfeld um „Hardliner", „Softliner" und Oppositionelle um zusätzliche Akteure: eine aus der Entpolitisierung erwachte Öffentlichkeit, die infolge der Liberalisierung weitere Rechte und eine umfassendere politische Beteiligung einfordert.[176] An diesem Punkt geht die Transition in ihre kritischste, ungewisseste und zugleich entscheidende Phase über, in der alle Wege und Pfadrichtungen des politischen Wechselprozesses noch offen stehen: Demokratisierung, Stagnation oder Rücknahme der Liberalisierung durch massive Repression des alten autoritären Regimes.[177] Wohin der Transitionsprozess führen wird, hängt in erster Linie davon ab, inwieweit die immer noch an der Macht stehenden alten Eliten in einem Fortgang der Transition eine reale Bedrohung der bestehenden Besitzverhältnisse, der territorialen Integrität des Nationalstaates oder der Position des Landes im Rahmen seiner internationalen Allianzen sehen.[178] Um so größer das wahrgenommene Bedrohungspotenzial und die Mobilisierung der Opposition, als desto notwendiger werden es die alten Eliten erachten, ausgeweitete systematische Repression gegen die Opponenten einzusetzen, die ihnen jedoch nur dann gelingen wird, insofern sie auf die Loyalität und den Zusammenhalt der Streitkräfte bauen können.[179] Ausschlaggebend ist zudem, inwieweit eine Transition von den herrschenden Sicherheitskräften wie Militär, Polizei und Geheimdienst als Bedrohung ihrer bestehenden Existenz wahrgenommen wird.[180] Der Mobilisierung der zivilen Öffentlichkeit kommt in dieser kritischen Phase ihre zentrale Rolle zu, die über die finale Richtung des Transitionsprozesses entscheiden wird.[181] Denn eine mobilisierte Massenbewegung lässt sich oftmals nicht mehr steuern, zudem treten neue Akteure mit neuen Ressourcen auf: die Gewichte verschieben sich in dieser zweiten Phase.[182] Grundsätzlich gilt: je kürzer, plötzlicher und unerwarteter die Transition einsetzt, desto größer ist die Wahrscheinlichkeit für das Entstehen einer breite Teile der Bevölkerung umfassenden Protestbewegung, die dann in der Regel auch einen großen Einfluss auf den weiteren Verlauf der Transition hat.[183] Der Überraschungseffekt sowie die Spontaneität des Aufstandes verbindet die verschiedenen gesellschaftlichen Akteure als *ein* Volk, wohingegen eine längere Phase der

---

[174] vgl. O'Donnell/ Schmitter 1986: 25
[175] vgl. O'Donnell/ Schmitter 1986: 25
[176] vgl. Schmädeke 2012: 26
[177] vgl. Schmädeke 2012: 26
[178] vgl. O'Donnell/ Schmitter 1986: 27
[179] vgl. O'Donnell/ Schmitter 1986: 26/27
[180] vgl. O'Donnell/ Schmitter 1986: 27
[181] vgl. O'Donnell/ Schmitter 1986: 56
[182] vgl. Schmädeke 2012: 29
[183] vgl. O'Donnell/ Schmitter 1986: 55

Vorbereitung und Reflexion die verschiedenen Ziele und Strategien der Opponenten aufdecken und die Gesellschaft spalten könnte.[184]

Im dritten Verlaufsstadium einer geglückten demokratischen Transition ist das autoritäre Regime nach O'Donnell/ Schmitter nicht mehr funktionsfähig und es gibt erneut ein Set an institutionalisierten Regeln und politischen Prozeduren, in dessen Rahmen nun neue und alte Akteure relativ vorhersehbar miteinander interagieren können.[185]

Für O'Donnell/ Schmitter sind Transitionen, Phasen der politischen Abnormität, denn alle definitorischen Wesensmerkmale eines Regimes sind während des politischen Wechselprozesses hinfällig: es gibt keine verbindlichen Regeln mehr über den Zugang zu politischer Macht, über die politischen Wege der Konfliktlösung und über das Zustandekommen von politischen Entscheidungen.[186] Dies führt dazu, dass sich neben der Unsicherheit und Unvorhersagbarkeit während des Transitionsprozesses große Freiräume für die handelnden Akteure ergeben.[187] Zudem verändern sich während der Transition nicht nur die Akteursgruppen- und konstellationen sowie deren Einstellungen und Stärkeverhältnisse, sondern es werden im Laufe des politischen Wechselprozesses auch [oft unbekannte bzw. unerwartete, d.V.] Kräfte und Antagonismen freigesetzt, die vom alten Regime entweder durch besondere Zugeständnisse klein gehalten oder durch Repression unterdrückt wurden.[188] Hierzu gehören vor allem regionale, ethnische und religiöse Spannungen, die durch beginnende Umbrüche wieder an Intensität gewinnen können. Kommt es im Zuge dessen oder eines hoch militarisierten und hoch mobilisierten Volksaufstandes zum Fall des Regimes, kann die dadurch entstehende politische Kultur der Gewalt, das auf friedliche Konfliktlösung basierende, sich etablierende demokratische Regime substantiell in Frage stellen oder in eine noch repressivere autoritäre Regimeform überführen.[189] Dem folgend schätzen O'Donnell/ Schmitter die Wahrscheinlichkeit, in einem demokratischen Regime zu münden bei weitestgehend gewaltlos verlaufenden Transitionen um ein Vielfaches höher ein als bei gewaltsam verlaufenden Transitionsprozessen.

---

[184] vgl. O'Donnell/ Schmitter 1986: 55
[185] vgl. O'Donnell/ Schmitter 1986: 27
[186] vgl. O'Donnell/ Schmitter 1986: 62
[187] vgl. Schmädeke 2012: 31
[188] vgl. Schmädeke 2012: 32
[189] vgl. O'Donnell/ Schmitter 1986: 11

III) ARABISCHER FRÜHLING

3.1) Hintergründe und Ursachen

Ausgehend von Unruhen in Tunesien, die sich ab Ende Dezember 2010 infolge der Selbstverbrennung des 26-jährigen Obst- und Gemüsehändlers Mohammed Bouazizis[190] am 17.12.2010 vor dem örtlichen Verwaltungsgebäude im tunesischen Sidi Bouzid in den Zentren des Landes ausbreiteten, begann Ende 2010 eine in den Medien als „Arabischer Frühling" bezeichnete Serie von Demonstrationen und Revolutionen in nahezu allen Staaten Nordafrikas und des Nahen Ostens. Diese richtete sich gegen die autoritär geführten Regime sowie die politischen und sozialen Strukturen dieser Staaten. Sie griff ähnlich einem Dominoeffekt auf etliche Staaten der arabischen Welt über, differierte dabei jedoch in Verlauf und Intensität.[191] Auch die Reaktionen der Machthabenden auf die Proteste waren unterschiedlich und reichten von Zugeständnissen bis hin zu gewaltsamen Repressionen oder Flucht aus dem Land.

Doch der sogenannte „Arabische Frühling" war nicht vom Himmel gefallen.[192] In den meisten Ländern der Region hatte es bereits seit Jahren immer wieder Proteste, Demonstrationen und Streiks gegen soziale Not und staatliche Willkür gegeben. Seit dem Jahr 2000 kam es vermehrt zu länderübergreifenden Protesten.[193] Als neuartig und daher epochales Ereignis sind jedoch die sich wellenartig steigernden Proteste, ihre länderübergreifenden Wechselwirkungen und der erstaunlich ideologiefreie Diskurs der Teilnehmer einzuschätzen.[194] Für den Beginn der Proteste gab es dabei zwei unterschiedliche Konstellationen: in einigen Ländern riefen gebildete Jugendliche über soziale Netzwerke in den urbanen Zentren zu Kundgebungen für mehr Freiheit und gegen staatliche Willkür auf, wie in Ägypten und Tunesien, während in anderen Staaten Kundgebungen zunächst an der Peripherie bei sozial, konfessionell, ethnisch oder regional diskriminierten Gruppen, wie etwa in Jordanien, Syrien und eben auch Tunesien stattfanden.[195] Die anfängliche Spontaneität und Leichtigkeit,[196] mit der die Oppositionsbewegung die autoritären Regime in Frage stellte, verblüffte nicht nur westliche Beobachter, sondern auch die arabischen Herrscher selbst. Sie versuchten jedoch nach der ersten Überraschung schnellstmöglich zu ihren alten Methoden der Herrschaftsstabilisierung zurückzukehren.

Die Hüllen der arabischen Staaten waren dabei schon seit Langem rissig und die Systeme

---

[190] *Bouazizis Suizid war einer Mischung aus Demütigung und Ohnmacht bzgl. der Willkür und Repression seines Staates geschuldet.*

[191] *Die Arabellion erinnert in ihrer Ausprägung an jene „dritte Demokratisierungswelle", die sich in Südeuropa in den 70er Jahren, in Lateinamerika und Asien in den 80er Jahren und in Mittel- und Osteuropa in den 90er Jahren des 20. Jahrhunderts vollzogen hat.*

[192] *vgl. Rosiny 2011: 2*

[193] *Ebd.*

[194] *Ebd.*

[195] *vgl. Rosiny 2011: 4*

[196] *Die rasante Ausbreitung und Vernetzung unter den Protestierenden, die stark schichtübergreifend war, lässt sich zu einem großen Teil durch die Nutzung elektronischer Kommunikationsmittel erklären, was sich in dem in der Presse mit Bezug auf die Arabellion oft zitierten Begriff: „Facebook Revolution" widerspiegelt.*

morsch im Inneren, was die global als „plötzlich und unerwartet" wahrgenommene Arabellion in Ländern, die bislang als demokratieresistent galten, erklärt. So wurden die Völker der arabischen Welt jahrzehntelang als „demokratieunfähig", korrupt und repressiv betitelt, gleichzeitig galten sie als stabil und anpassungsfähig, wobei das Symbol ihrer Stabilität ihre Herrscher waren, die sich konstant an der Macht hielten.[197] Doch die arabischen Gesellschaften durchlaufen bereits seit Jahren tief greifende soziale, politische, kulturelle und ökonomische Transformationen mit unterschiedlichen Geschwindigkeiten, wobei die wirtschaftliche Entwicklung nicht mit der demografischen mithalten konnte.[198] Mangelnde ökonomische Teilhabe durch Deindustrialisierung und ungerechte Ressourcenverteilung und die damit einhergehenden fehlenden Zukunftsperspektiven sowie das Manko an gesellschaftlicher und politischer Teilhabe, insbesondere für die junge, gebildete Bevölkerung, engte diese in ihrer Selbstbestimmung und freien Entfaltung ein. Zudem fanden Veränderungen in den Geschlechter- und Generationenverhältnissen statt, die die patriarchalen Strukturen infrage stellten. Dies geht einher mit der stetigen Veränderung der politischen Kultur, durch eine vielfältigere Medienlandschaft, die die Gesellschaften global vernetzt.[199] Die Widersprüche zwischen einer Rhetorik des paternalistisch-versorgenden Staates und den unmittelbaren Krisenrealitäten sowie die zunehmende politische Mobilisierung neuer Akteursgruppen führten zu einer Legitimitätskrise.[200] Die gesellschaftlich-politischen Träger dieser Proteste als auch ihre artikulierten Interessen im Spezifischen unterschieden sich dabei von Land zu Land, doch eines verbindet sie alle: soziale, wirtschaftliche und politische Forderungen – Fortschritte in allen drei Bereichen wurden als unabdingbar angesehen.[201] Folglich ging es nur oberflächlich um den Rückzug der Autokraten selbst, vielmehr jedoch um eine radikale Veränderung des politischen Systems aus Korruption, Klientelismus, Unterdrückung, Willkür und Polizeigewalt sowie begrenztem Raum der politischen Gestaltung.[202] Nach Jahrzehnten etablierter Repressions- und Verfolgungsstaaten sehnten sich die Menschen nach (sozialer) Gerechtigkeit, Freiheit, Würde und Respekt.[203] Die weitest reichende Forderung nach einem Systemsturz entwickelte sich jeweils erst in Situationen der Gewalteskalation seitens der Regime, wenn schrittweise Reformen unter der verkrusteten und vergreisten Herrschaftsstruktur der bisherigen Elite nicht mehr möglich erschienen.[204]

---

[197] vgl. Asseburg 2011: 3
[198] vgl. Harders 2011: 9
[199] vgl. Harders 2011: 10
[200] Ebd.
[201] vgl. Asseburg 2011: 3
[202] vgl. Asseburg 2011; Harders 2011: 10
[203] vgl. Rosiny 2011: 4
[204] vgl. Rosiny 2011: 4/5

Die Proteste und Aufstände des Arabischen Frühlings führten dabei kurzfristig zu Erfolgen, wie in Tunesien, Ägypten, Libyen und dem Jemen, wo die autoritären Machthaber gestürzt wurden. Doch der Sturz eines Diktators determiniert nicht den Aufbau einer funktionierenden, schon gar demokratischen Ordnung. Die Missstände und Konflikte der Länder der MENA-Region sind bis heute nicht verschwunden. Sie sind hochgradig komplex und vereinten die unterschiedlich agierenden (Interessen-) Gruppen nur anfänglich, als sich die vielschichtigen Konflikte symbolisch in der Verzweiflungstat der Selbsttötung eines unbekannten Gemüsehändlers widerspiegelten und voller Dynamik und Wucht entluden. Doch es bestehen tiefere gesellschaftliche Risse in den arabischen Staaten, die die Gesellschaften grundlegend spalten. Diese Antagonismen konnten über die vergangenen Jahrzehnte durch die repressive Staatsmaschinerie der despotischen Herrscher unterdrückt werden. Doch der Ausbruch des Arabischen Frühlings brachte diese in der arabischen Welt über mehrere Jahrzehnte gewachsene politische Ordnung komplett aus den Fugen.

3.2)   Die arabische „Staatengemeinschaft"

Hassan al-Banna, der Gründer und erste geistliche Führer der Muslimbruderschaft[205] äußerte sich im Jahre 1938 auf einer islamischen Versammlung folgendermaßen:

"Der Islam respektiert keine geografischen Grenzen; er kennt keine Rassenunterschiede und fragt nicht nach der Abstammung. Er betrachtet alle Muslime als eine Umma (Gemeinschaft)."[206]

Sein darauf folgendes Plädoyer dafür, alle arabischen Staaten, die die europäischen Kolonialmächte aus dem untergegangenen Osmanischen Reich geformt hatten, zu vereinen, soll keineswegs repräsentativ für die heterogenen arabischen Gesellschaften stehen, spiegelt aber wohl die historisch erwachsene, geographische und vor allem kulturelle Nähe dieser Staaten wider. Insbesondere der Religion und dem Stellenwert der arabisch-islamischen Identität muss dabei eine bedeutende Rolle zugeschrieben werden.

Das Gefühl muslimischer Einheit hat auch in den Maßnahmen staatlicher und internationaler Organisationen seine Verankerung gefunden.[207] So organisierten die Führer Saudi-Arabiens 1969 in Zusammenarbeit mit ihren Kollegen aus dem Iran, Pakistan, Marokko, Tunesien und der Türkei, den ersten islamischen Gipfel in Rabat, woraus die Organisation für Islamische Zusammenarbeit (OIC) mit Sitz in Dschidda formell gegründet wurde. Die Organisation nimmt

---

[205] Die Muslimbruderschaft ist eine der einflussreichsten sunnitisch-islamistischen Bewegungen im Nahen Osten; In Nordafrika können die tunesische „Ennahda" Partei sowie die 2012 in Libyen gegründete Partei „Gerechtigkeit und Entwicklung" als Ableger gesehen werden.
[206] Zit. n. Pott 2012: 136
[207] vgl. Huntington 1996: 282

für sich in Anspruch, die islamische Welt zu repräsentieren.[208] Praktisch alle Staaten mit großem muslimischen Bevölkerungsanteil [mit Ausnahme von Indien und Äthiopien, d.V.] gehören heute der Konferenz an, die die einzige zwischenstaatliche ihrer Art darstellt.[209] Huntington betont in seinem Werk *Kampf der Kulturen*, dass kein anderer „Kulturkreis" eine zwischenstaatliche Organisation mit einer auf Religion basierenden Mitgliedschaft hat - bis auf die muslimischen Regierungen.[210] Als ein weiteres Beispiel für kulturelle Zugehörigkeit als Beitrittskriterium einer Organisation, aber auch der vertieften regionalen Integration und politischen Kooperation, kann die 1945 gegründete arabische Staatengemeinschaft „Arabische Liga" gezählt werden. Doch trotz dieses zwischenstaatlichen Zusammenschlusses ist die arabische Welt mit ca. 20 Ländern heterogen. Sie beinhaltet die traditionalen Monarchien des Persischen Golfes, in dessen Zentrum Saudi-Arabien steht ebenso wie die präsidentiellen Regime mit sozialrevolutionärer Vergangenheit eines „arabischen Sozialismus" oder „Panarabismus" wie Ägypten und Syrien.[211] Das einende Element aller arabischen Staaten ist dabei ihr neopatrimonialer Charakter[212] sowie der bis zum Ausbruch des Arabischen Frühlings stabil autoritäre, korrupte und repressive Regierungsstil der Herrschenden und das damit einhergehende Legitimitätsdefizit der Regime. Zudem teilen fast alle arabischen Staaten die historische Last, größtenteils das zufällige beliebige Produkt des europäischen Imperialismus zu sein, woraus sich ein weiteres Legitimitätsproblem ergibt.[213] So wurden die Grenzen, insbesondere im Nahen Osten, willkürlich gezogen und gleichen eher einem Kunstgebilde als je die Stammesgrenzen und Siedlungsgebiete ihrer heterogenen Bevölkerung berücksichtigt zu haben.[214]

Dass das Verlangen der Bürger der MENA-Region endlich gerechter am politischen, wirtschaftlichen und gesellschaftlichen Geschehen partizipieren zu dürfen, schlussendlich in der Arabellion kulminierte, lässt sich zu einem großen Teil durch eine weitere Gemeinsamkeit der arabischen Gesellschaften erklären. Die arabischen Länder sind sehr junge, stark urbanisierte Staaten, deren Bewohner zu 65-75% jünger als 35 Jahre sind. Zudem handelt es sich im Vergleich zu vorhergehenden Generationen um die Generation mit dem durchschnittlich

---

[208] *Aufgrund der anhaltenden Gewalt des syrischen Staatsapparates gegen sein Volk ist Syrien seit dem 14.08.2012 ein suspendierter Mitgliedstaat (vgl. Zeit 14.08.2012)*
[209] *vgl. Huntington 1996: 282*
[210] *vgl. Huntington 1996: 282*
[211] *vgl. Schlumberger 2012: 71*
[212] *Als charakteristische Elemente neopatrimonialer Herrschaft gelten nach Schlumberger: 1) Dominanz informeller über formale Institutionen und Prozesse, 2) Machtkonzentration in den Händen eines Patrons, 3) Verteilung von Gefälligkeiten durch direkte oder indirekte Interaktionen zwischen Patron und Klienten, 4) partikularistische Verwendung öffentlicher Mittel und Güter (vgl. Schlumberger 2012: 76).*
[213] *vgl. Huntington 1996: 281*
[214] *vgl. Armbruster 2013: 148*

höchsten Bildungsniveau. Diese jungen Leute sind von der Partizipation an der Ökonomie[215] und politischen Teilhabe ihrer Länder ausgeschlossen. So schrieb Huntington bereits 1996, dass die Raten des Bevölkerungswachstums in dieser Region zwar ihren Höhepunkt überschritten haben und beginnen zurückzugehen, dass aber das Wachstum in absoluten Zahlen weiterhin sehr hoch sein wird und sich in der ganzen ersten Hälfte des 21. Jahrhunderts bemerkbar machen werde.[216] In dieser Kombination aus zahlenmäßiger Größe durch Bevölkerungsexplosion und sozialer Mobilisierung beschwor Huntington eine natürliche Quelle der Instabilität und der Gewalt, durch ein riesiges Reservoir junger, beschäftigungsloser Männer ohne Perspektive.[217] Die Jugendarbeitslosigkeit in den arabischen Staaten lag im Jahr 2011 bei rund 28%.[218]

Doch obwohl islamistische Gruppen in der arabischen Welt seit Jahrzehnten fast flächendeckend über die höchsten Organisationskapazitäten der Opposition verfügen, waren es zu Beginn des Arabischen Frühlings vor allem kaum organisierte, säkulare zivilgesellschaftliche Kräfte, die politischen Wandel forderten.[219] Sie taten das mit Ideen und Mitteln, die kaum regionalspezifische, insbesondere islamzentrierte Merkmale aufwiesen, sondern vielmehr die Handschrift der Globalisierung trugen.[220] Im Verlauf der Arabellion prallte dabei eine Vielzahl gegensätzlicher politischer Strömungen aufeinander, während die Vertreter der alten Regime alles daran setzten, begonnene Reformprozesse zu erschweren oder zu blockieren.[221] Der langfristige Erfolg des Arabischen Frühlings im Sinne der Initiierung politischen Wandels in der Region ist jedoch nur möglich, wenn die vom Arabischen Frühling erfassten Systeme eine in der Region als positiv wahrgenommene politische Entwicklung durchlaufen und solcherart ein Demonstrationseffekt, im Sinne von ökonomischem Aufschwung und der Minderung der Arbeitslosigkeit, auf die autoritären Systeme ausgehen könnte.[222] Doch im fünften Jahr seit Ausbruch des Arabischen Frühlings muss den gegenwärtigen Entwicklungen entsprechend eine negative Bilanz gezogen werden. Nichtsdestotrotz markiert der Aufstand der arabischen Gesellschaften eine historische Zäsur, die einen mühevollen Wandlungsprozess ausgelöst hat, an dessen Ende die Araber vielleicht eine neu soziokulturelle Identität gefunden haben werden, mit der ihr entsprechenden Staats- und Gesellschaftsordnung.[223] Die (islamische) Demokratie stellt dabei nur eine vieler Möglichkeiten dar. Mit Blick auf die arabische „Staatengemeinschaft", ist

---

[215] *Einzig jene arabische Staaten, die zu Beginn des Arabischen Frühlings über ein hohes Renteneinkommen verfügten, d.h. die Golfmonarchien, hatten sehr viel bessere Voraussetzungen das Protestniveau unterhalb der Schwelle der Forderungen nach einem Regimewechsel zu halten bzw. mit Hilfe teurer Repressionsapparate effektiv einzudämmen (vgl. Beck 2013: 654).*
[216] *vgl. Huntington 1996: 182*
[217] *vgl. Huntington 1996: 433*
[218] *Die Jugendarbeitslosigkeit bezieht sich auf den Anteil der 15-24-Jährigen Erwerbstätigen ohne Arbeit, jedoch verfügbar für bzw. auf der Suche nach dieser. Siehe Anhang: Abb. 1–„Unemployment: youth total, 2005-2013" (vgl. World Bank 2015).*
[219] *vgl. Beck 2013: 643*
[220] *vgl. Beck 2013: 648*
[221] *vgl. Pott 2012: 187*
[222] *vgl. Beck 2013: 656*
[223] *vgl. Pott 2012: 191-193*

jedoch auffällig, dass trotz ausgeprägter soziokultureller Gemeinsamkeiten der Länder der MENA-Region, die arabischen Aufstände zu derart unterschiedlichen Ergebnissen geführt haben, je nachdem, wo sie sich ereigneten.

3.2.1) Tunesien

Nur vier Wochen lagen in jenem Land, in dem der Arabische Frühling seinen Anfang nahm, zwischen Konfliktausbruch und dem Sturz des tunesischen Machthabers Zine el-Abidine Ben Ali. Die tragische Selbstverbrennung Mohammed Bouazizis hatte diesen Tsunami ausgelöst, der in den nächsten Wochen und Monaten die ganze arabische Welt überrollen sollte.[224] Der schnelle und erfolgreiche Bruch mit der 23-jährigen autoritären Herrschaft Ben Alis sowie die im Vergleich zu den darauf folgenden Revolten in der Region geringe tunesische Opferbilanz von 300 Toten[225], können als entscheidender Funke für den Ausbruch der darauf folgenden Protestbewegungen in anderen Staaten der arabischen Welt gelten.

Das heutige Tunesien hat 10,4 Millionen Einwohner, wobei das Durchschnittsalter der Bevölkerung im Jahr 2010 bei 30 Jahren lag.[226] Tunesien gilt mit 98% arabischer Muslime als ethnisch und konfessionell homogene Gesellschaft und verfügt über eine breite Mittelschicht.

Die tunesische Republik wurde 1957 unter Habib Bourguiba, der die damalige Monarchie 1956 in die Unabhängigkeit von Frankreich führte, gegründet. Bourguiba herrschte die folgenden drei Jahrzehnte als Staatspräsident. Er verfolgte einen autoritären Regierungsstil und galt als „fortschrittlicher" arabischer Nationalist, der säkulare Ideen vertrat und den islamischen Fundamentalismus bekämpfte.[227] Unter seiner Herrschaft wurden eine Reihe sozialer und wirtschaftlicher Reformen durchgeführt, u.a. wurde ein säkulares Rechtssystem und ein für arabische Staaten revolutionäres Familienrecht, das die Frau dem Mann gleichstellt, erlassen.[228] Zugleich war Bourguiba ein wenig vorausschauender Wirtschaftspolitiker. In den 60er Jahren ruinierte er durch rücksichtslose Kollektivierungsmaßnahmen beinahe die Landwirtschaft, konzentrierte die wirtschaftliche Entwicklung auf die Küstenregionen und vernachlässigte das Hinterland.[229] Bourguibas Amtszeit stützte sich auf drei Pfeiler: die Dominanz des Präsidenten, die Übermacht der Staats- und Einheitspartei sowie eine moderne staatliche Verwaltung.[230]

1987 putschte sich Zine el-Abidine Ben Ali unblutig an die Macht und löste den altersschwachen Staatspräsidenten ab. Die Übernahme der Macht durch Ben Ali war mit Artikel 57 der damaligen

---

[224] vgl. *Armbruster 2011: 62*
[225] vgl. *Pott 2012: 122*
[226] vgl. *Akrach/ von Mende 2011: 5*
[227] vgl. *Pott 2012: 125*
[228] vgl. *Akrach/von Mende 2011: 6*
[229] vgl. *Pott 2012: 125*
[230] vgl. *Akrach/ von Mende 2011: 6*

Verfassung vereinbar, da danach der Premierminister Präsident wird, sobald dieser nicht mehr fähig ist, die Regierungsgeschäfte zu führen.[231] 1988 kam es zu einem kurzen politischen Öffnungsprozess unter Ben Ali. Doch der Wahlsieg der Islamisten in Algerien, der 1991 zum Ausbruch des Bürgerkriegs im Nachbarland führte, lieferte dem Regime um Ben Ali eine Begründung Tunesien in einen allmächtigen, mit strenger Zensur und Polizeigewalt herrschenden Staat zu konvertieren.[232] Ben Ali verfolgte dabei die Strategie, das System soweit zu reformieren, dass es leistungsfähiger wurde, um es zu stabilisieren, ohne es jedoch wesentlich zu verändern bzw. den neuen Akteuren zu viel Macht zukommen zu lassen.[233] So wurden nur Oppositionsparteien zugelassen, die dem Regime loyal gegenüber eingestellt waren und der Ausgang der Wahlen soll regelmäßig zugunsten Ben Alis manipuliert worden sein.[234] Ben Ali stützte seine Herrschaft dabei auf einen ausgebauten Sicherheitsapparat, dessen Methoden zwischen Tolerierung und Repression schwankten, sowie einen inneren Zirkel von persönlichen Beratern.[235] Diese entstammten früheren politischen Führungspositionen oder banden strategisch wichtige Bevölkerungsgruppen mit ein.[236] Die selektive Umgestaltung der Gesellschaft durch die Liberalisierung der Wirtschaft bei restriktivem politischen System führte dazu, dass das alte System trotz Erneuerung der Eliten bestehen bleiben konnte.[237]

Die ökonomische Entwicklung unter Ben Ali muss als Erfolg bewertet werden, so wandelte er mit seinem Liberalisierungskurs den tunesischen Markt in eine marktwirtschaftliche und exportorientierte Wirtschaft um.[238] Das Bruttoinlandsprodukt verzeichnete dabei zeitweise ein Wachstum von fast 5%.[239] Doch die soziale Entwicklung blieb hinter den ökonomischen Fortschritten zurück. So waren im Jahr 2010 29,4% der Jugendlichen und im Jahr 2011 42,7% arbeitslos.[240] Viele junge Tunesier waren von dem Widerspruch zwischen hohem Ausbildungsniveau und der Realität auf dem Arbeitsmarkt betroffen. Da die tunesische Wirtschaft dazu tendiert, unqualifizierte Stellen im Niedriglohnsektor zu schaffen, lag die Arbeitslosigkeit unter den Hochschulabsolventen fast doppelt so hoch wie bei den weniger qualifizierten Tunesiern, was zu einer wachsenden Polarisierung führte.[241]

Die Hoffnung in der Bevölkerung, dass mit der wirtschaftlichen Liberalisierung zwangsläufig

[231] vgl. Akrach/ von Mende 2011: 7
[232] vgl. Akrach/ von Mende 2011: 7/8
[233] Ebd.
[234] vgl. Akrach/ von Mende 2011: 8
[235] vgl. Akrach/ von Mende 2011: 7/8
[236] vgl. Akrach/ von Mende 2011: 7
[237] vgl. Akrach/ von Mende 2011: 8
[238] Ebd.
[239] Ebd.
[240] Die Jugendarbeitslosigkeit bezieht sich auf den Anteil der 15-24-Jährigen Erwerbstätigen ohne Arbeit, jedoch verfügbar für bzw. auf der Suche nach dieser. Siehe Anhang: Abb. 1–„Unemployment: youth total, 2005-2013" (vgl. World Bank 2015)
[241] vgl. Pott 2012: 124

auch eine politische Öffnung erfolgen würde, wurde enttäuscht.[242] Ben Ali baute vielmehr eine neue Herrschaftselite aus der einheimischen Wirtschaftselite auf.[243] Nepotismus war ein wesentliches Merkmal aus Ben Alis Regierungszeit. So besetzten die Familie Ben Ali und die Familie seiner Frau Leila Trabelsi wichtige Schlüsselpositionen sowie alle Spitzenpositionen in Wirtschaft, Politik und Verwaltung.[244] Die Partei spielte kaum mehr eine Rolle und Korruption war weit verbreitet.[245] Aufgrund dieser klientelistischen Netzwerke war es dem Großteil der Bevölkerung verwehrt, adäquate Jobs in höheren Positionen zu finden. Der steigende Wohlstand kam zudem nur in der Hauptstadt Tunis und den touristischen Küstengebieten an, die ländlichen Regionen hatten kein Wirtschaftswachstum zu verzeichnen. Tunesien sah sich mit einem zunehmenden Entwicklungsgefälle konfrontiert. Die schlechte soziale Lage wurde zudem durch die stetig steigenden Lebensmittelpreise verschärft.[246] Diese Faktoren führten zu wachsenden Klassenunterschieden in der Bevölkerung.

Als es am 17.12.2010 schließlich zum öffentlichen Selbsttötungsakt Bouazizis kam, mussten die Tunesier geahnt haben, wie morbide das System ist und marschierten los - erst in den kleineren Städten, dann sprang der Funke auf Tunis über: Es zählte nur noch der Massenprotest.[247] In den darauf folgenden Tagen organisierten sich die tunesische Jugend sowie die Hochgebildeten über soziale Netzwerke, wobei fast die Hälfte aller Tunesier einen Internetzugang hat.[248] Dies trug zu einer Politisierung der tunesischen Jugendlichen und somit entscheidend zum Erfolg der Revolution bei.[249] Durch die im Verlauf der Proteste erfolgende Repression des Regimes in Form von Verhaftungen und gewaltsamem Vorgehen der Polizei gegen Demonstranten erfuhr der Aufstand eine schnelle Politisierung.[250] Einer der wichtigsten Akteure der Revolution, der sich von Anfang an auf die Seite der Demonstranten stellte, war der tunesische Gewerkschaftsverband UGTT.[251] Mit der regionalen Ausweitung der Proteste kamen weitere Akteure aus der gehobenen Mittelschicht hinzu, die gegen die erlebten Unfreiheiten unter dem Regime Ben Alis protestierten.[252] Die Protestbewegung in Tunesien, die innerhalb kürzester Zeit zum Sturz Ben Alis führte, zeichnet sich demnach durch eine große Heterogenität an Akteuren aus. Ein weiterer wichtiger, vielleicht sogar wichtigster *change agent* wurde die tunesische Armee, die insgeheim mit den Demonstranten sympathisierte und dem Präsidenten im

---

[242] vgl. Akrach/ von Mende 2011: 8
[243] Ebd.
[244] vgl. Akrach/ von Mende 2011: 9
[245] vgl. Akrach/ von Mende 2011: 8
[246] vgl. Scholl-Latour 2011: 20
[247] vgl. Armbruster 2011: 66
[248] Ebd.
[249] vgl. Akrach/ von Mende 2011: 9
[250] vgl. Akrach/ von Mende 2011: 10
[251] Ebd.
[252] Ebd.

entscheidenden Moment ihre Unterstützung versagte.[253] Als die Aufstände schließlich Tunis erreichten, versuchte Ben Ali in einer Fernsehansprache am 10. Januar 2011, die Bevölkerung zu beruhigen und versprach Reformen.[254] Die Zugeständnisse an das Volk kamen jedoch zu spät. Nachdem die Unruhen nicht mehr zu kontrollieren waren, flüchtete Ben Ali am 14. Januar 2011 ins Exil.[255]

3.2.2) Syrien

Der Ursprung der Diktatur in Syrien lässt sich auf den 1. Weltkrieg und den Zusammenbruch des Osmanischen Reiches zurückführen, als mit dem Sykes-Picot Abkommen dem Nahen Osten eine postkoloniale Nachkriegsordnung aufgezwungen wurde, die bis in die Gegenwart gehalten hat.[256] Keine dieser ehemaligen Kolonien des Nahen Osten hat sich bis heute zu einer „funktionierenden" Demokratie entwickelt. Vielmehr herrschen Despoten, die oft zu jener Religionsgruppe oder Ethnie gehören, mit deren Hilfe bereits die Kolonialmächte geherrscht hatten. Gewaltvoll und repressiv haben sie über die Jahrzehnte zusammen gehalten, was nicht unbedingt zusammengehören will.[257] So wurde auch im syrischen Vielvölkerstaat unter französischem Mandat die bereits existente Feindschaft zwischen der bis dahin marginalisierten alawitischen Minderheit und der sunnitischen Mehrheitsbevölkerung vertieft. Während der Großteil der Sunniten sich weigerte, mit den Besatzern zu kooperieren, wurde der Minderheit Schutz durch diese geboten, gleichzeitig galten sie als deren koloniale Handlanger und genossen verstärkt soziale Aufstiegschancen.[258] Dies schürte die Verachtung der Sunniten auf die Alawiten noch mehr, die letztere nun nicht nur als „Ungläubige", sondern auch als Verräter betrachteten. Nach Ende des Völkerbundmandats 1944 kam es verstärkt zu blutigen Rachefeldzügen gegen die alawitische Bevölkerung, die erst durch den 1966er Putsch und die ab 1970 folgende despotische Alleinherrschaft des Alawiten Hafiz al-Assad wieder zum Stillstand kamen.[259]

Hafiz – und ab 2010 sein Sohn Baschar al-Assad – gestalteten in den kommenden 45 Jahren die politische Ordnung Syriens nach ihren ideologischen Vorstellungen um. Das heutige Syrien muss als Überwachungsstaat bezeichnet werden, in dem mindestens fünf unterschiedliche Geheimdienste die Bevölkerung kontrollieren.[260] Der Staat steuert die Wirtschaft überwiegend

[253] vgl. Scholl-Latour 2011: 20
[254] vgl. Akrach/ von Mende 2011: 10
[255] vgl. Akrach/ von Mende 2011: 11
[256] vgl. Armbruster 2013: 148
[257] vgl. Armbruster 2013: 150
[258] vgl. Armbruster 2013: 152; vgl. Pott 2012: 168
[259] vgl. Armbruster 2013: 152
[260] vgl. Rieper 2011: 76

zentral aus den Öleinnahmen, die knapp die Hälfte des Staatshaushaltes ausmachen.[261] Die nach 2000 einsetzende Liberalisierung der Wirtschaft begünstigt vor allem Personen, die dem politischen System nahe stehen, wobei sich der Machtzirkel um Baschar al-Assad die Gefolgschaft der syrischen Mittelschicht sichert, in der jene vom Staat profitieren, die ihn unterstützen. So sind alle leitenden Personen der großen privaten Unternehmen finanziell an die Führungselite gebunden und die öffentliche Meinung wird rigide überwacht.[262] Die Opposition dient lediglich der demokratischen Fassade; Jegliche wirklich aufkeimende Opposition wird massiv unterdrückt.[263] Die Assads festigten dieses System durch familiäre sowie konfessionelle und ethnische Bindungen. Das hat dazu geführt, dass die Kernelite des Regimes, das seine Macht auf drei Säulen stützt, nämlich Militär, Geheimdienste und der ursprünglich sozialistisch, arabisch-nationalistischen Baath-Partei, sich größtenteils aus Verwandten des Präsidenten oder Angehörigen seiner eigenen konfessionellen Gemeinschaft zusammensetzt.[264] Der Großteil Assads' Unterstützer sind Alawiten, aber auch andere konfessionelle und ethnische Gruppen, die der Ober- und Mittelschicht angehören.[265] Da Hafiz selbst einer Minderheit angehörte, legte er es darauf an, die Loyalität anderer religiöser Minderheiten zu gewinnen, indem er ihnen die freie Religionsausübung garantierte.[266]

Der syrische Staat umfasst eine ethnisch und religiös sehr vielfältige Bevölkerung, die sich konfessionell in 73% Sunniten, 12% Alawiten,[267] 10% Christen sowie weitere Minderheiten spalten. Rund 35,2% der 22,5 Millionen Syrer[268] fielen im Jahr 2007 unter die nationale Armutsgrenze.[269] Zudem hat die extrem ungleiche Einkommensverteilung in den letzten Jahren stetig zugenommen.[270] Diese zugespitzte soziale Schieflage mit einem erheblichen Stadt-Land-Gefälle, erklärt, warum die syrische Revolte in der überwiegend sunnitisch bewohnten ländlichen Provinz ausgebrochen ist.[271] So führte ähnlich wie in den anderen Staaten der sogenannten „Arabellion" auch in Syrien ein erheblicher Unmut über die zunehmende soziale Ungerechtigkeit und mangelnde Perspektiven für die junge Bevölkerung die Proteste an.[272] Syrien verfügt über eine ausgesprochen junge Bevölkerung; das Durchschnittsalter lag im Jahr

---

[261] *Ebd.*
[262] *vgl. Rieper 2011: 76*
[263] *vgl. Armbruster 2013: 155*
[264] *vgl. Schumann/Jud 2012: 47*
[265] *vgl. Jäger/ Tophoven 2013: 27*
[266] *vgl. Pott 2012: 168*
[267] *Hierbei handelt es sich um eine im späten 9. Jahrhundert im Irak entstandene, zum schiitischen Spektrum des Islams gehörende, Strömung. Weder Schiiten noch Sunniten erkennen die Alawiten als Muslime an.*
[268] *Mehr als 4 Millionen Syrer befinden sich aufgrund des Bürgerkrieges auf der Flucht außerhalb Syriens (vgl. New York Times 09.07.2015).*
[269] *Den letzten verfügbaren Daten aus dem Jahr 2007 der Weltbank folgend (vgl. World Bank 2012).*
[270] *vgl. Armbruster 2013: 56*
[271] *vgl. Pott 2012: 176*
[272] *vgl. Asseburg 2013: 12*

2010 bei 21,9 Jahren.[273] Von den ökonomischen Wachstumsraten von rund 4%, die Syrien in den vergangenen Jahren verzeichnen konnte, hatte jedoch vorwiegend eine kleine Wirtschaftselite in den Großstädten profitiert, während die Jugendarbeitslosigkeit, die 2010 offiziell bei 19,3% lag und 2011 auf 33,7%[274] schoss, erstaunlich hoch war.

Die Unruhen begannen am 15. März 2011 in der syrischen Stadt Deraa[275] als 14 Schüler, die aus Tunesien und Ägypten bekannte Parole: *„Das Volk verlangt den Sturz des Regimes"* auf eine Hauswand gemalt hatten. Daraufhin wurden sie vom Geheimdienst festgenommen und misshandelt.[276] Es kam zu friedlichen Protesten der örtlichen Bevölkerung mit der Forderung nach Freilassung der Kinder sowie dem Ruf nach mehr Freiheit und Demokratie. Doch das Regime ließ die Proteste von Anfang an mit militärischer Gewalt niederschlagen: Vom ersten Demonstrationstag an gab es Tote - je mehr Syrer auf die Straße gingen, desto mehr wurden es.[277] Dieses brutale Vorgehen der Sicherheitskräfte bewirkte eine landesweite Solidarisierung mit den Opfern und die rasche Ausbreitung der Revolution auf andere syrische Städte. Aus dem anfänglich friedlichen Zorn der Bürger wurde bald darauf gewaltbereiter Hass und die Lage eskalierte.[278] Doch ganz im Sinne Hafiz al-Assads, dem 2010 verstorbenen Vater von Baschar al-Assad, für den „Stabilität und Ordnung" das Wichtigste waren, sorgten Polizei und Armee für die Durchsetzung dieser Werte.[279] Seit seinem Bestehen antwortete das Regime stetig mit der selben brutalen Gewalt, die bereits 1982 zu dem Massaker in Hama,[280] geführt hatte, als die Moslembrüder es wagten sich gegen den Alawiten Assad zu erheben.

So wurde Syrien nach Ausbruch des Arabischen Frühlings in den internationalen Prognosen eher vernachlässigt - zu sehr hatten die Geheimdienste die syrische Gesellschaft im Griff, zu gegenwärtig war der Ruf eines der gefürchtetsten und repressivsten Polizeistaaten der Region.[281] Es war deutlich, dass ein Aufbegehren des syrischen Volkes einen besonders schweren Konflikt nach sich ziehen würde. Nach über 4 Jahrzehnten autoritärer Staatsherrschaft und einem raffiniert gefestigtem System aus Geheimdienst, Spitzeln, Militär und der paramilitärischen Shabia-Miliz, war sich der Assad-Clan seiner uneingeschränkten Macht lange sicher. Schließlich hatte Assad trotz Gewaltherrschaft und Repression im konfessionell konfliktbeladenem Syrien

---

[273] *vgl. Rieper 2011: 77*
[274] *Die Jugendarbeitslosigkeit bezieht sich auf den Anteil der 15-24-Jährigen Erwerbstätigen ohne Arbeit, jedoch verfügbar für bzw. auf der Suche nach dieser. Siehe Anhang: Abb. 1–„Unemployment: youth total, 2005-2013" (vgl. World Bank 2015)*
[275] *Dara'a ist eine von der Entwicklung stark abgeschnittene Grenzstadt im Südwesten Syriens, in der sich die Spannungen seit Jahren potenziert haben. Denn durch die vierjährige Dürrephase sowie staatliche Wasserschnitte gab es keinerlei Existenzgrundlage mehr für die dort ansässigen Bauern. Die syrische Landwirtschaft wurde stark vernachlässigt (vgl. Armbruster 2011: 98-100).*
[276] *vgl. Pott 2012: 176*
[277] *vgl. Armbruster 2011: 94*
[278] *vgl. Armbruster 2011: 100*
[279] *vgl. Armbruster 2011: 108*
[280] *Im Februar 1982 griff die syrische Armee die Stadt Hama, eine Hochburg der Opposition, an; bis zu 30 000 Menschen wurden getötet, die Altstadt in weiten Teilen zerstört (vgl. Lange 2013: 43).*
[281] *vgl. Rieper 2011: 75*

einen Anker der Stabilität geschaffen; Es gab wenig Kriminalität, keine offen ausgetragenen Religionskonflikte und stabile Außengrenzen. Doch gleichzeitig nutzte das Regime die fragile konfessionelle und ethnische Zusammensetzung seiner Bevölkerung zum eigenen absolutem Machterhalt.[282]

Assad bezichtigte den Aufstand in seinem Land von Beginn an als islamistischen Terror, der von äußeren Mächten induziert wurde und verurteilte die propagandistischen arabischen Nachrichtensender scharf.[283] Dieses Vorgehen Assads, unter dem es bei Amtseintritt im Jahr 2000 zum „Damaszener Frühling", einer kurzen politischen Öffnung, die kurz darauf aggressiv zurückgezogen wurde, gekommen war, bestärkte die Bürger in ihrem Glauben, dass dieses Regime nicht reformfähig sei. Hatten die Aufständischen zuerst nur eine radikale Veränderung des politischen Systems gefordert,[284] führten diese Ereignisse zu eindeutigen Rücktrittsforderungen des Machtzirkels um Assad.[285] Es beteiligten sich in Syrien jedoch nicht alle Gesellschaftsmitglieder an den Aufständen.[286] Die Demonstranten stammten größtenteils aus dem Armutsgürtel Syriens, die Profiteure des Regimes blieben überwiegend zu Hause.[287]

Längst ist die Krise in Syrien internationalisiert. Es herrscht ein Krieg - mit über 210.000 Todesopfern[288] sowie mehr als zehn Millionen Vertriebenen - knapp die Hälfte der syrischen Bevölkerung.[289] Die anfänglich friedlichen Demonstrationen für einen politischen Wandel, die Anfang 2011 in Syrien aufkeimten und sich aufgrund gewalttätiger staatlicher Repression schnell zu einem Bürgerkrieg entwickelten, haben mittlerweile zu einem arabisch-iranischen Stellvertreterkrieg des Nahen Ostens geführt, bekräftigt von den jeweiligen Bündnispartnern. Der Konflikt hat zunehmend die Züge eines Glaubenskrieges angenommen, in dem religiöse und ethnische Motive an erster Stelle stehen und sich vom ursprünglichen Protest entfernt haben. Es gibt heute keinen syrischen Staat mehr, den man reformieren könnte. Große Teile Syriens sind zerstört, von fremden Mächten besetzt oder annektiert. Über vier Jahre unbeschreiblicher Gewalt und Verzweiflung sowie eine der größten Flüchtlingskatastrophen lasten auf Syrien, doch Aussicht auf einen Frieden ist in dieser instrumentalisierten Krise nicht absehbar. Ob es nun der hemmungslosen Gewalt des Regimes zuzuschreiben ist oder der Untätigkeit der internationalen Staatengengemeinschaft, die bis heute keine gemeinsame Strategie im Umgang mit der humanen Katastrophe entwickeln konnte, sei dahingestellt. Doch klar ist, dass Assads Drohungen vor

---

282 vgl. Hanelt/Helberg 2013: 2
283 vgl. Armbruster 2011: 101
284 vgl. Harders 2011: 10
285 vgl. Armbruster 2011: 108
286 vgl. Rieper 2011: 82
287 vgl. Pott 2012: 109, vgl. Rieper 2011: 82
288 Nach Schätzung der syrischen Beobachtungsstelle für Menschenrechte gab es bis Ende 2014 ca. 210.000 Tote. Andere Quellen sprechen von bis zu 300.000 Opfern des syrischen Bürgerkrieges. Genaue Zahlen gibt es jedoch nicht mehr; die Vereinten Nationen haben im Januar 2014 aufgehört, die Toten zu zählen (vgl. Süddeutsche 15.03.2015).
289 vgl. Süddeutsche 15.03.2015

einem Religionskrieg und islamischem Terrorismus, mit denen er von Beginn an sein gewaltvolles Vorgehen rechtfertigte, wahr geworden sind. Zahlreiche Milizen befinden sich im Kampf gegen Assad und haben oft ganz konträre Vorstellungen davon, wie Syrien nach dem Regimesturz aussehen soll(te).

Sunniten kämpfen gegen Schiiten,[290] die sunnitischen Golfstaaten auf Seiten der syrischen Opposition gegen den regimenahen schiitischen Iran und die Hisbollah - unterstützt von ihren mächtigen Bündnispartnern, den USA und Russland. Mit dem Aufstieg des Terrorkalifats des „Islamischen Staats" hat sich der Krieg um eine neue Dimension erweitert.

Die Syrienkrise ist zu einem geostrategischen Stellvertreterkrieg um regionale Einflusssphären geworden, der massive Gefahren - vom radikal islamistischen Terrorismus über Anarchie und Staatszerfall bis hin zu einer Gefährdung des Weltfriedens - birgt.

IV) PRAKTISCHER RAHMEN ZUR ANALYSE DES DEMOKRATISIERUNGSPROZESSES

4.1) Angewandtes Demokratiekonzept nach Dahl

Im folgenden praktischen Teil sollen die Transitionsprozesse Tunesien und Syriens[291] anhand der im theoretischen Teil dieser Arbeit vorgestellten Demokratietheorien untersucht werden, um die Frage zu beantworten, ob der *Arabische Frühling einen Demokratisierungsprozess in den beiden arabischen Staaten eingeleitet hat?* Anhand von Dahls 8 institutionellen Garantien umfassenden Kriterienkatalog lässt sich analysieren, inwieweit ein Land dem demokratischen Ideal entspricht - je nachdem, wie viele und welche der Kriterien institutionell verankert wurden und (staatlich) durchgesetzt werden. Der Demokratisierungsgrad von Tunesien und Syrien soll folglich an der Intensität, in der politischer Wettstreit und politische Partizipation in dem sich neu formierenden Staatssystem gegeben sind, gemessen werden. Durch die Ergänzung von Huntingtons nicht demokratieexklusivem Merkmal der „Stabilität" soll zudem die Leistungs- und Überlebensfähigkeit der gegenwärtigen politischen Systeme sowie ihre Konsolidierungsmöglichkeiten eingestuft werden.

Dabei ist es schwer, ein politisches Szenarium zu analysieren, das sich noch in einem

---

[290] *Dies stellt eine grob vereinfachte Formel dar, da in Syrien eine Vielzahl von Gruppen agiert, die alle gegeneinander kämpfen. Die Lage ist überaus komplex. So gibt es auf Regimeseite neben der alawitischen Anhängerschaft auch viele Sunniten - insbesondere der Wirtschaftselite - und auch bei den Regimegegnern kämpfen alawitische Unterstützer und Deserteure. Nicht zu vergessen sind weitere religiöse Minderheiten. Diese vereinfachte Formel wurde trotz ihrer populistischen Tendenz gewählt, um die ethnisch-religiöse Konfliktlinie, die in dieser Region (angestachelt durch die Internationalisierung/ Instrumentalisierung des Konfliktes) sehr wohl existent und von Bedeutung ist, zu unterstreichen.*
[291] *In den verschiedenen Abschnitten der anwendungsorientierten Untersuchung dieser Arbeit werden die beiden zu vergleichenden Staaten nicht in zwei separate Gliederungspunkte aufgeteilt, sondern kontinuierlich aufeinander folgend abgearbeitet: Tunesien steht dabei stets an erster Stelle, Syrien an zweiter Stelle.*

Konstruktionsprozess befindet: in Ländern, die annährend ein halbes Jahrhundert autoritärer, repressiver Staatsherrschaft erlebt haben - der Möglichkeit beraubt eine (starke) Zivilgesellschaft herauszubilden noch Organisationsstrukturen und Erfahrungen der Oppositionskräfte aufzubauen. Die Etablierung des neuen politischen Systems muss als ein fortdauernder, unabgeschlossener Prozess verstanden werden, wobei sich die Analyse dieser Arbeit auf den Endpunkt einer ausgewählten Etappe bezieht. Diese beginnt mit Revolutionsausbruch Ende Dezember 2010 in Tunesien und endet im Dezember 2014. Der politische Wechselprozess beinhaltet daher eine Zeitspanne von 4 Jahren. Maßstab für die Untersuchung ist das ausgehende Jahr 2014 und die bis dahin stattgefundene Entwicklung. So haben die Länder des Arabischen Frühlings seit Protestausbruch verschiedene revolutionäre, politische und soziale Phasen durchgemacht. Inwiefern in diesem Transformationsprozess demokratische Strukturen geschaffen wurden, gilt es im folgenden Kapitel zu untersuchen.

Die Ausgangspunkte der beiden zu untersuchenden Staaten sind dabei höchst unterschiedlich. Während Tunesien in einem weitgehend gewaltfreiem Übergang zwischen Regierungen am 26. Januar 2014 eine neue, sehr moderne Verfassung verabschiedete,[292] existiert der alte syrische Nationalstaat in seinen vor Konfliktausbruch bekannten staatlichen Grenzen und Strukturen nicht mehr. Es muss vielmehr von einem Staat im Zerfall gesprochen werden. Zwar trat auch in Syrien am 27. Februar 2012 eine neue Verfassung in Kraft,[293] um jene von 1973 zu ersetzen, doch dieser strategische Schachzug Assads muss aufgrund der logistischen, organisatorischen, intransparenten und konfliktbeladenen Umstände des Referendums in dem kriegszerrissenem Staat als Farce bezeichnet werden.

4.1.1) Versammlungs- und Vereinigungsfreiheit

Tunesien: Gemäß Artikel 35-37[294] der neuen tunesischen Verfassungserklärung, in der die Freiheit, Parteien, Gewerkschaften und Vereinigungen zu gründen, sowie das Recht auf Streik, Versammlungsfreiheit und friedliche Demonstration garantiert werden, erfüllt der tunesische Staat *de jure* die erste institutionelle Garantie. Nach Freedom House[295] gab es nach der Revolution zahllose Neugründungen von NGO's sowie verstärkt Gründungen von Gewerkschaften. Bei zahlreichen politisch, ökonomisch und sozial motivierten Demonstrationen im Laufe des Jahres 2014 kam es jedoch vermehrt zu heftigen Auseinandersetzungen mit der

---

[292] *Der UN-Generalsekretär Ban Ki Moon lobte dies als „historischen Meilenstein" und Vorbild für andere Völker (vgl. BBC 27.01.2014).*
[293] *Laut syrischem Staatsfernsehen stimmten 89,4% der Wähler bei einer Wahlbeteiligung von 57,4% am 26. Februar in einem Referendum über eine neue Verfassung dieser zu (vgl. Al Arabiya 27.02.2012).*
[294] *vgl. Constitution de la République Tunisienne 26.01.2014: 10*
[295] *vgl. Freedom House 2014*

Polizei, die in der Kritik steht exzessiv Gewalt anzuwenden.[296]

Syrien: *De jure* ist die Versammlungs- und Vereinigungsfreiheit nach Artikel 44 der syrischen Verfassung gegeben, jedoch unter dem Vorbehalt, dass sie im Einklang mit den anderen Verfassungsgrundsätzen stehen muss und das Gesetz die Ausübung dieser Rechte reguliert.[297] In Ermangelung einer Gewaltenteilung in Syrien unterliegt die Regulierung der Versammlungs- und Vereinigungsfreiheit daher in letzter Instanz der Exekutive und Legislative. *De facto* ist die Versammlungs- und Vereinigungsfreiheit in Syrien scharf eingeschränkt.[298] Jeglichem Protest der Opposition wird mit Beschuss, Massenverhaftungen oder Folter begegnet.[299]

4.1.2) Meinungsfreiheit

Tunesien: Artikel 31 der tunesischen Verfassung besagt:

"Les libertés d'opinion, de pensée, d'expression, d'information et de publication sont garanties. [...]"[300]

De jure ist die Meinungsfreiheit gegeben. *De facto* gibt es laut Freedom House jedoch Einschränkungen in der Meinungsfreiheit, insbesondere für die Medien aufgrund von Diffamierungsvorwürfen.[301] Human Rights Watch[302] weist in diesem Zusammenhang auf einige Schwachstellen der neuen Konstitution hin. So verpflichtet sich der Staat laut Verfassung auf den Schutz des „Heiligen",[303] ohne es genau zu definieren. Das birgt die Möglichkeit eines weit reichenden, höchst interpretativen Spielraums für den Staatsapparat diesen Verweis zu nutzen, um Aussagen, die er als „diffamierend" gegenüber der Religion betrachtet, strafrechtlich zu verfolgen, was im Widerspruch zur Meinungsfreiheit im Artikel 31 steht.[304]

Syrien: Artikel 42.2 der syrischen Verfassung besagt:

"Every citizen shall have the right to freely and openly express his views whether in writing or orally or by all other means of expression."[305] *De jure* ist die Meinungsfreiheit gegeben. *De facto* ist die Meinungsfreiheit in Syrien jedoch scharf eingeschränkt. Zahlreiche Journalisten wurden im Jahr 2014 ermordet, entführt bzw. sind „verschwunden".[306]

---

[296] *vgl. Freedom House 2015*
[297] *vgl. Constitution of the Syrian Arab Republic - 2012*
[298] *vgl. Freedom House 2015*
[299] *Ebd.*
[300] *Constitution de la République Tunisienne 26.01.2014: 9; freie Übersetzung aus dem Französischen ins Deutsche von d.V.: "Die Freiheiten der Meinung, der Gedanken, des Ausdrucks, der Information und der Veröffentlichung sind garantiert.[...]."*
[301] *vgl. Freedom House 2014*
[302] *vgl. Human Rights Watch 2015*
[303] *vgl. Constitution de la République Tunisienne 26.01.2014*
[304] *vgl. Human Rights Watch 2015*
[305] *Die Analyse der Verfassung der syrischen arabischen Republik aus dem Jahr 2012 bezieht sich auf die von der internationalen Nichtregierungsorganisation „Voltaire Network" zur Verfügung gestellte „Constitution of the Syrian Arab Republic – 2012".*
[306] *vgl. Freedom House 2015*

4.1.3) Informations- und Pressefreiheit

Tunesien: Gemäß Artikel 31 und 32 der tunesischen Verfassung erfüllt der Staat *de jure* die Informations- und Pressefreiheit. *De facto* beklagt u.a. die Nichtregierungsorganisation „Reporter ohne Grenzen" den Machtmissbrauch, insbesondere der dem tunesischen Innenministerium unterstehenden Nationalgarde, gegenüber der Pressefreiheit.[307] Offiziell fanden im Jahr 2014 jedoch weniger Verhaftungen von Journalisten als 2013 bzgl. des Diffamierungsvorwurfes statt.[308]

Syrien: Artikel 43 der syrischen Verfassung besagt:

"The state shall guarantee freedom of the press, printing and publishing, the media and its independence in accordance with the law."[309]

Diese institutionelle Garantie ist schwammig, da der Zusatz „gemäß dem Gesetz" keinen Bezug darauf nimmt, welche Einschränkungen vom Gesetz verabschiedet werden können. Daher unterliegt die Informations- und Pressefreiheit der Willkür der Exekutive und Legislative. *De facto* kontrolliert der Staat weiterhin die Zeitungen während die privaten Medien in den von der Regierung (noch) kontrollierten Gebieten im Allgemeinen im Besitz von regimenahen Persönlichkeiten sind.[310] Zudem wird der freie Zugang zu Informationen für die Syrer vom Regime gravierend beschnitten.[311]

4.1.4) Aktives Wahlrecht

Tunesien: Artikel 54 der tunesischen Verfassung garantiert jedem Bürger tunesischer Staatsangehörigkeit, der das 18. Lebensjahr vollendet hat und die Bestimmungen des Wahlgesetzes erfüllt, die Wahlberechtigung.[312] Der internationalen Berichterstattung folgend wurde diese Wahlberechtigung bei den letzten Parlaments- und Präsidentschaftswahlen auch *de facto* umgesetzt. In einem Artikel der Heinrich Böll Stiftung[313] wird jedoch darauf hingewiesen, dass bedingt durch das Stadt-Land-Gefälle insbesondere Tunesierinnen in ländlichen Gebieten, aufgrund von infrastrukturellen Hürden, Analphabetismus sowie patriarchalischem moralischen Druck und Einschüchterung, in ihrem Wahlrecht verletzt werden.

---

[307] *vgl. Reporters sans frontiers 30.04.2015*
[308] *vgl. Freedom House 2015*
[309] *Constitution of the Syrian Arab Republic - 2012*
[310] *vgl. Freedom House 2015*
[311] *Ebd.*
[312] *vgl. Constitution de la République Tunisienne 26.01.2014: 14*
[313] *vgl. Heinrich Böll Stiftung 23.02.2015*

<u>Syrien:</u> In Syrien ist jeder syrische Staatsangehörige, der das 18. Lebensjahr vollendet hat[314] und die Bestimmungen des Wahlgesetzes erfüllt, wahlberechtigt.[315] *De facto* wurde einem Großteil der Syrer ihr aktives Wahlrecht im Jahr 2014 jedoch nicht gewährt. So wurden die Präsidentschaftswahlen im Juni 2014 in einem Klima von Gewalt und heftigster Repression nur in den von der Regierung kontrollierten Gebieten durchgeführt.[316]

4.1.5) Passives Wahlrecht

<u>Tunesien:</u> Artikel 60[317] der tunesischen Verfassung besagt, dass die Opposition ein wesentlicher Bestandteil des Parlaments ist und sie nach innen und außen alle Rechte hat, die sie für ihre parlamentarische Arbeit benötigt. Unter anderem wird auf ihre Pflicht hingewiesen, aktiv und konstruktiv an der parlamentarischen Arbeit teilzunehmen. Kandidieren darf gemäß Artikel 53[318] jeder Wahlberechtigte, der das 23. Lebensjahr vollendet hat. *De jure* ist das passive Wahlrecht gegeben. Freedom House bewertet die neu entstandene vielfältige Parteienlandschaft und deren Teilnahme an den Wahlen als positiv.[319] *De facto* kann von einer graduellen Umsetzung des passiven Wahlrechts gesprochen werden.

<u>Syrien:</u> Laut Artikel 8 der syrischen Verfassung[320] verzichtet die Baath-Partei auf ihren seit rund fünf Jahrzehnten geltenden Führungsanspruch und bekennt sich zu politischem Pluralismus. Dieses Bekenntnis wird jedoch mit vielen willkürlichen Klauseln erschwert, so müssen bspw. laut Artikel 60 der Verfassung mindestens die Hälfte der Parlamentsmitglieder Arbeiter und Bauern sein.[321] Auch andere Verfassungsartikel machen einen echten politischen Wettbewerb nahezu unmöglich. So muss der syrische Präsident bzw. die Präsidentin nach Artikel 3 nicht nur Muslim/in sein, [322] was bereits über 10% der syrischen Bevölkerung ausschließt, sondern auch mindestens 40 Jahre alt, von Geburt an Syrer/in, mit einem syrischen Ehepartner verheiratet und seit mindestens zehn Jahren in Syrien wohnhaft.[323] Mit dieser Regelung konnte das Regime um Assad sicherstellen, dass kein aussichtsreicher oppositioneller Gegenkandidat zu den Präsidentschaftswahlen 2014 antreten würde.

₃₁₄ vgl. CBS News 07.05.2012
₃₁₅ vgl. Constitution of the Syrian Arab Republic - 2012
₃₁₆ vgl. Freedom House 2015
₃₁₇ vgl. Constitution de la République Tunisienne 26.01.2014: 16
₃₁₈ vgl. Constitution de la République Tunisienne 26.01.2014: 14
₃₁₉ vgl. Freedom House 2014
₃₂₀ vgl. Constitution of the Syrian Arab Republic - 2012
₃₂₁ vgl. Spiegel Online 24.02.2012
₃₂₂ vgl. Constitution of the Syrian Arab Republic - 2012
₃₂₃ vgl. Baschar al-Assad hätte nach dieser Verfassung selbst mehrere Kriterien bei seiner Wahl zum Präsidenten im Jahre 2000 nicht erfüllt.

4.1.6) Recht der Werbung um Wählerstimmen und Unterstützung

Tunesien: Während noch vor der Revolution am 14. Januar 2011 lediglich 8 Parteien existierten, hatte das Innenministerium rund ein halbes Jahr später bereits 100 politische Parteien registriert.[324] Im neuen Tunesien sind die oppositionellen Rechte institutionell verankert und deren aktive Beteiligung erwünscht.[325] Der Rückblick auf den Wahlkampf der letzten 4 Jahre zeigt eine stark mobilisierte Öffentlichkeit, die ihre jeweilige politische Partei bzw. Bewegung unterstützt(e). Dazu gehören vermehrt Wahlkampfveranstaltungen, politische Diskussionen, Rededuelle von Spitzenkandidaten, ein stetiger Zuwachs an Parteimitgliedern sowie provisorisch eingerichtete Wahlkampfbüros in ländlichen Regionen.[326] Das Recht der Werbung um Wählerstimmen und Unterstützung ist im heutigen Tunesien gegeben.

Syrien: Trotz des laut Verfassung in Artikel 8 gültigem Bekenntnis zu politischem Pluralismus setzt das Regime weiterhin seinen brutalen Geheim- und Sicherheitsapparat ein, um die politische Aktivität der Opposition zu überwachen und zu bestrafen.[327] Das Recht der Werbung um Wählerstimmen und Unterstützung ist nicht gegeben.

4.1.7) Freie und faire Wahlen

Tunesien: Der Einschätzung des Jahres 2014 von Freedom House zufolge wechselte Tunesiens Status von „partly free" zu „free", wofür die transparenten Parlaments- und Präsidentschaftswahlen[328] einen der ausschlaggebenden Gründe liefern.[329] Insgesamt wurden die Wahlen im Jahr 2014 von internationalen und lokalen Beobachtern als frei und fair bewertet.[330]

Syrien: Bei den Präsidentschaftswahlen im Juni 2014 wurde Präsident Baschar al-Assad in seiner dritten Amtsperiode bestätigt, doch aufgrund des allgemeinen Klimas von Gewalt und Unterdrückung, der Beschränkung der syrischen Wählerschaft auf die (verbliebenen) regierungskontrollierten Gebiete sowie dem Mangel an echtem politischen Pluralismus, kann diese Wahl nicht als freie und faire Wahl eingestuft werden. Zudem zeichnete sich die Wahl durch eine starke Intransparenz aus. Denn während die Mehrzahl demokratischer Staaten sich öffentlich negativ über diese Wahl äußerte, assistierten „regierungsfreundliche" autoritäre Staaten wie Nordkorea als internationale Wahlbeobachter der Präsidentschaftswahl in Syrien.[331]

---

[324] vgl. Akrach/ von Mende 2011: 14
[325] vgl. Constitution de la République Tunisienne 26.01.2014: 14
[326] vgl. Tagesspiegel 18.10.2011; taz 22.11.2014
[327] vgl. Freedom House 2015
[328] Die Parlamentswahlen fanden am 26.10.2014 und die Präsidentschaftswahlen am 23.11.2014 statt.
[329] vgl. Freedom House 2015
[330] Ebd.
[331] Ebd.

4.1.8) Institutionen, die die Regierung an den Wählerwillen binden

Tunesien: Das heutige Tunesien kennzeichnet sich durch demokratische Institutionen - es hat die Grundrechte in der Verfassung verankert sowie die *checks and balances* der Verfassungsorgane sorgsam austariert.[332] Die unabhängige Justiz, das Abhalten von freien und fairen Wahlen, das Entstehen einer politisierten Zivilgesellschaft nach der Revolution sowie die Gründung zahlreicher Parteien, Gewerkschaften und Nichtregierungsorganisationen haben Institutionen geschaffen, die die Regierung an den Wählerwillen binden.

Syrien: Auch die neue Verfassung Syriens verleiht dem Präsidenten eine außerordentliche Machtfülle.[333] Nach Artikel 83 führt er die Exekutive an, nach Artikel 97 ernennt er den Ministerpräsidenten und die Minister, nach Artikel 111 kann er das Parlament auflösen und nach Artikel 133.1 die Mitglieder des Verfassungsgerichts bestimmen.[334] Alle drei Staatsgewalten werden folglich vom Staatspräsidenten ausgeübt, weshalb es in Syrien keine echte Gewaltenteilung gibt. Die Abwesenheit eines unabhängigen Gerichtswesens ermöglicht es den Sicherheitskräften zudem, das Gesetz nicht nur zu vertreten, sondern auch zu überschreiten. Da der Machtzirkel um den Präsidenten keinen Kontrollinstanzen unterliegt, kann dieser mit absoluter Willkür und ohne Rechenschaftspflichtigkeit gegenüber den Wählern herrschen.

4.1.9) „Stabilität"

Tunesien: Eine der größten Herausforderungen für Tunesiens neue demokratische Regierung und deren Konsolidierungsprozess ist die Sicherheitslage. Während der Kampf gegen das autoritäre Regime die tunesischen Aufständischen in ihrem Ziel einte, so kristallisierten sich nach dem Systemsturz Spaltungen und divergierende Interessen heraus. So zeigen sich in Tunesien seit Ben Alis Abdankung Aspekte eines Kulturkampfes zwischen Liberalen und Islamisten, die sich im Rahmen der Verfassungsdebatte insbesondere an der Rolle der Religion in Politik und Öffentlichkeit widerspiegelten.[335] Mit der neuen Verfassung hat Tunesien einen wichtigen Schritt Richtung Demokratie vollzogen, da die Verfassung die politische Ordnung regelt und eine Kompromisslösung der verschiedenen Kräfte darstellt.[336] Doch die drohende Gefahr durch gewaltbereite Islamisten an den Grenzregionen und im Landesinneren muss ernst genommen werden.[337] Die kontinuierlichen Anschläge auf oppositionelle Politiker, auf Kulturschaffende, Frauen und Touristen sind nur ein Beispiel dafür. Diese Attacken blieben

---

[332] vgl. Börner 2014: 10
[333] vgl. Spiegel Online 24.02.2012
[334] vgl. Constitution of the Syrian Arab Republic - 2012
[335] vgl. Sadek 2013
[336] vgl. Zayed 2015: 5
[337] Ebd.

lange Zeit größtenteils ungestraft; Der Staat ist nicht in der Lage die Salafisten[338] unter Kontrolle zu halten.[339] Die neuen freiheitlichen Rechte, die der demokratische Staat seinen Bürgern gewährt, sowie eine Generalamnestie für politisch Gefangene, haben vielen radikalen Predigern den Weg in die Moscheen in Tunesien geebnet.[340] Das ist eine gefährliche Entwicklung. Denn die noch immer existenten Probleme wie die hohe Jugendarbeitslosigkeit und das Stadt-Land-Gefälle bergen die Gefahr, dass eine generelle Unzufriedenheit mit dem neuen politischen System dem extremistischen Lager (noch mehr) Zulauf verschaffen könnte. Die Überlebensfähigkeit der jungen tunesischen Demokratie hängt demnach stark davon ab, ob sie es schaffen wird langfristige Konzepte zu entwickeln, um die schwierigen wirtschaftlichen und sozialen Herausforderung zu bewältigen. Aufgrund der Angst vieler Tunesier vor dem Erstarken des radikalen Islamismus sowie vermehrten extremistisch-islamistischen Terroranschlägen im Land reagiert das System verstärkt mit Sicherheitsvorkehrungen. Das birgt wiederum die Gefahr einer Untergrabung der demokratischen Errungenschaften und Rückkehr zur alten Ordnung. So nahm auch Ben Ali 1991 den islamistischen Terror als Begründung für den Aufbau seines Polizeistaates. Folgt man Huntington[341] können es jedoch auch die neuen demokratischen Regime nicht schaffen lang währenden Terrorismus und Aufstände gänzlich im Keim zu ersticken. Doch dies sieht er auch nicht als ausschlaggebend für die Stabilität des Systems an, sondern vielmehr das Verhalten der politischen Eliten und der Öffentlichkeit diesem Problem zu begegnen. Hier spielt folglich eine starke tunesische Zivilgesellschaft eine entscheidende Rolle sowie die Fähigkeit der Politik dem Terrorismus-Problem zu begegnen, ohne dabei die demokratischen Errungenschaften zu unterminieren. Das demokratische System Tunesiens muss in seiner jetzigen Verfassung als labil bewertet werden.

<u>Syrien:</u> Der syrische Staat befindet sich im kontinuierlichen Zerfall bzw. Zerstückelung. Das politische System Syriens muss daher insgesamt als instabil eingeschätzt werden. Mit Blick auf die stetig schrumpfenden, aber noch von der Regierung kontrollierten Gebieten[342] und den kleinen Kern um Assad verändert sich diese Lageeinschätzung jedoch. Die verbliebenen Mächte an der Systemspitze um Assad wissen, dass ihre Existenz von ihrer Einheit abhängt.[343] Daher halten sich Syriens Säulen der Macht stabil. Sowohl die wichtigsten externen Unterstützer des

---

[338] *Die Salafisten bekennen sich zum Salafismus: eine islamistische Strömung, die in Anlehnung an wahhabitische Lehren eine wortwörtliche Orientierung an der Glaubenspraxis der ersten Muslime einfordert. Die Bewegung erhebt den Anspruch, den Islam durch den unmittelbaren und ausschließlichen Bezug zu den religiösen Hauptquellen zu erneuern und von vermeintlich korrumpierenden, fremden Einflüssen zu befreien (vgl. LpB 2015).*

[339] *vgl. Zayed 2015: 5*

[340] *vgl. Pott 2012: 134*

[341] *vgl. Huntington 1991: 259*

[342] *Anfang Juni 2015 kontrollierte das Regime um Assad nur noch 20% bis 40% des Staatsterritoriums - darunter jedoch wichtige Regionen wie den Küstenstreifen mit Tartus und Latakia und Damaskus und Homs - sowie die Hälfte der noch im Land verbliebenen Bevölkerung (vgl. Zeit Online 10.06.2015).*

[343] *vgl. Pott 2012: 165*

Regimes, daher der Iran und Russland, als auch die USA und Europa, die das syrische Regime einstimmig verurteilen und Assads Rücktritt fordern, sind nicht an einem chaotischen Kollaps des syrischen Regimes interessiert.[344] Denn dies birgt die Gefahr, den gesamten Staat und die „nationale Einheit" Syriens zu Fall zu bringen und somit die gesamte Region noch weiter in Gewalt und Chaos zu stürzen sowie verstärkt in antagonistische religiöse und ethnische Gemeinschaften zu spalten. Aufgrund dieses Bedrohungspotenzials und den sich daraus ergebenden Handlungskonsequenzen der Schlüsselakteure der Syrien-Krise muss das (kleine verbliebene) „politische System" um Assad, trotz extremer Schwäche und stetiger territorialer und militärischer Verluste, als stabil eingeschätzt werden.

4.2.)   ZWISCHENFAZIT: AUF DEM WEG ZUR DEMOKRATIE?

4.2.1) Die „tunesische Demokratie"

Drei Jahre nach dem Sturz des tunesischen Präsidenten Ben Ali hat Tunesien nach langem politischem Dialog eine neue, sehr fortschrittliche Verfassung verabschiedet. Das stellt einen ersten Meilenstein auf dem Weg zu einer demokratischeren Zukunft des Landes dar. In der neuen tunesischen Verfassung finden sich zudem alle 8 Kriterien von Robert A. Dahls realem Polyarchiebegriff als institutionell verankerte Garantien wieder.

Die Analyse dieser Arbeit zeigt jedoch, dass die bisherige praktische Um- und Durchsetzung dieser staatlichen Garantien oft (nur) mit Einschränkungen stattfindet. Da sich Tunesien jedoch noch im politischen Transitionsprozess befindet und dieser langwierig ist, wird der bisherige Demokratisierungsprozess, den Tunesien in den letzten vier Jahren durchlaufen hat, als positiv eingeschätzt. Denn während die institutionelle Verankerung der staatlichen Garantien ein verhältnismäßig schnelles und abgeschlossenes Ereignis darstellt, bedarf die langfristige Konsolidierung einer jungen Demokratie wesentlich mehr Zeit.[345] So wurde der Großteil der Politiker der neuen tunesischen Regierung sowie der Polizei- und Sicherheitsapparat nicht nur im „alten System" sozialisiert, sondern diente bereits viele Jahre unter diesem.[346] Damit der endgültige Bruch mit dem alten Regime vollends gelingen kann, wurden eigens verschiedene Kommissionen geschaffen, die den graduellen Übergang zur Demokratie gewährleisten und die Übergriffe und Korruptionsfälle des alten Regimes näher untersuchen sollen - darunter die Kommission für politische Reformen, die Kommission für Korruption und Repression.[347]

---

[344] vgl. Zeit Online 10.06.2015
[345] Hierzu bedarf es der langfristigen Herausbildung einer demokratiestabilisierenden Bürgergesellschaft vgl. hierzu: Almond/Verba 1963. Da die Aspekte der Konsolidierungsforschung nicht Bestandteil dieser Arbeit sind, wird an dieser Stelle nicht weiter auf diese Aspekte eingegangen.
[346] Symbolisch steht hierfür der neue, mittlerweile 89-Jährige Staatspräsident Beji Caid-Essebsi, der bis heute dieses Amt bekleidet.
[347] vgl. Akrach/ von Mende 2011: 12

Gleichzeitig untergräbt die Gefahr des islamistischen Terrors die Staatsmacht und gefährdet die Zeit des Wandels, den die tunesische Gesellschaft für die Konsolidierung ihrer jungen Demokratie dringend braucht. Denn der Staat ist nicht in der Lage die radikalen Islamisten zu kontrollieren.[348] Dadurch kommt es in Tunesien phasenweise immer wieder zu einem erhöhten Sicherheits- und Stabilitätsbestreben, das die Freiheiten der Bürger einschränkt, um die terroristische Bedrohung einzugrenzen.[349] Das birgt langfristig die Gefahr der Untergrabung demokratischer Strukturen,[350] da es sich hierbei um einen Konflikt handelt, der von längerer Dauer ist und das System vor immense Schwierigkeiten stellt.

Die größten Herausforderungen, die die neue demokratische Regierung bewältigen muss und von deren Erfolg das Überleben der jungen Demokratie abhängen wird, liegen dabei in der Überwindung der unsicheren politischen Lage durch den islamistischen Terror sowie der Lösung der gravierenden ökonomischen und sozialen Probleme des Landes.[351]

Der Arabische Frühling hat in Tunesien einen Demokratisierungsprozess eingeleitet, doch das politische System muss als fragil eingestuft werden.

4.2.2) Der „syrische Bürgerkrieg"

Nach weniger als einem Jahr nach Ausbruch der Revolution in Syrien verabschiedete die Regierung um Präsident Baschar al-Assad, inmitten der unaufhaltsamen militärischen Eskalation, die mit einer Verschärfung der internationalen Sanktionen einherging, eine neue Verfassung. Mit dieser Initiative unternahm die Regierung den verspäteten Versuch, ihre Reform- und Handlungsfähigkeit unter Beweis zu stellen. Die begrenzte politische Transformation, die in Syrien stattgefunden hat, ist ein Beispiel dafür, wie sich ein autoritäres Regime neuen Herausforderungen und Umständen anpasst, um das physische Überleben eines reformunfähigen politischen Systems zu sichern.

Nominell ist die Arabische Republik Syrien nach Artikel 1 der neuen syrischen Verfassung ein demokratischer Staat. Freedom House 2015 bewertet Syrien hingegen als *„not free"* und vergibt für die Bürger- sowie politischen Rechte den schlechtmöglichsten Wert.[352] Die Analyse dieser Arbeit zeigt, dass alle 8 Kriterien von Robert A. Dahls realem Polyarchiebegriff in der syrischen

---

[348] *vgl. Al Jazeera 26.10.2014*
[349] *vgl. Al Arabiya 25.03.2015*
[350] *Ebd.*
[351] *Die kriegerischen Auseinandersetzungen in Libyen verschlimmern die politische und wirtschaftliche Lage der Bevölkerung zusätzlich: 1) weil aufgrund der extrem langen und undichten Grenze zum nicht funktionierendem Nachbarstaat eine stetige Fluktuation islamistischer Terroristen stattfindet, 2) weil der Umsatz im Tourismusbereich und ausländische Investitionen drastisch zurückgegangen sind und ein Teil dieses Geldes aus Libyen stammte. Die ökonomischen Probleme Tunesiens sind insbesondere in den vernachlässigten Regionen im Süden erdrückend und die Jugendarbeitslosigkeit steigt weiter (vgl. Akrach/ von Mende 2011: 14).*
[352] *Auf einer Skala von 1-7 (1 = best, 7 = worst) werden sowohl die Bürgerrechte als auch die politischen Rechte mit der 7 bewertet (Freedom House 2015).*

Verfassung Erwähnung finden und allgemein als institutionelle Garantien verankert wurden. In der Mehrzahl sind sie jedoch schwammig definiert oder stehen in Kombination mit Zusatzklauseln wie „gemäß dem Gesetz", ohne dabei Bezug zu nehmen, welche Einschränkungen vom Gesetz verabschiedet werden können. Die Problematik besteht darin, dass es in Syrien kein wirklich unabhängiges Gerichtswesens gibt. Alle drei Staatsgewalten werden mehr oder weniger vom Staatspräsidenten ausgeübt und es gibt keine Kontrollinstanz, weshalb Dahls 8 institutionell verankerte Garantien nicht vor Machtmissbrauch und Willkür geschützt sind. An der praktischen Um- und Durchsetzung dieser staatlichen Garantien mangelt es im vom Krieg zerrissenen Land vollständig.

Syrien ist ein, nur noch in Teilen funktionierender, Staat im Zerfall, in dem sich neben dem Regime mehrere bewaffnete Kräfte bekämpfen und niemand die volle Staatsgewalt ausübt. Vom alten politischen System ist nicht mehr viel übrig, doch der Machtkern um den Präsidenten hält sich stabil. Die Verabschiedung der neuen syrischen Verfassung kann nicht als ein Schritt auf dem Weg in die Demokratie bewertet werden, sondern spiegelt lediglich den politisch-strategischen Versuch des syrischen Regimes des „Überlebens durch kleinstmögliche Veränderungen" wider. Eine wirklich substanzielle politische und ökonomische Transformation Syriens, des Nationalstaats, unter Assad und seiner alten Garde ist nicht mehr möglich; Denn nach über 4 Jahren Bürgerkrieg und Gewalt gegen die eigene Bevölkerung wäre nicht nur das politische, sondern mit großer Wahrscheinlichkeit auch das physische Überleben[353] des Regimes gescheitert. Der Arabische Frühling hat in Syrien keinen Demokratisierungsprozess eingeleitet.

V) THEORIESYMBIOSE (ANALYSE DER VARIABLEN)

5.1) Makrostrukturelle Aspekte

In der folgenden Analyse werden die im theoretischen Teil dieser Arbeit vorgestellten makrosoziologischen Ansätze der Transitionsforschung auf die beiden Fallbeispiele Tunesien und Syrien angewandt. Dabei stehen die drei zentralen Ausrichtungen, d.h. der modernisierungstheoretische Ansatz, der strukturalistische Ansatz und der kulturalistische Ansatz, als maßgeblich die Rahmenbedingungen für die Handlungsoptionen der relevanten Akteure des Arabischen Frühlings absteckend, im Vordergrund. Ergänzt wird dieser strukturierende Handlungskorridor zudem durch: Das Konzept der „nationalen Einheit", das für Rüstow als alleinige Vorbedingung einer erfolgreichen Demokratisierung gilt; Die Legitimationsbasis des alten politischen Systems, der O'Donnell/ Schmitter einen potenziellen

---

[353] *Zeit Online 10.06.2015*

Einfluss auf den Verlauf eines Transitionsprozesses zuschreiben; Die geostrategische Lage und ökonomische Bedeutung, die trotz der viel zitierten Gemeinsamkeiten der Länder des Arabischen Frühlings, ein relevantes Individualmerkmal der einzelnen Staaten bleibt.[354]

5.1.1) Sozioökonomische Faktoren

<u>Tunesien</u>

Tunesien wurde in den vergangenen Jahren von internationalen Beobachtern wie der OECD oder dem Weltwirtschaftsforum (WEF) in dessen *"Global Competitiveness Report"* wiederholt als eines der wettbewerbsfähigsten Länder in der MENA-Region und Afrika eingestuft.[355]

Der ökonomische Liberalisierungskurs Tunesiens begann im Jahr 1972 als die Regierung ein neues Regulierungssystem einführte, das ausländische Investoren anziehen sollte.[356] Dabei profitierte das Land von seinem im regionalen Vergleich gegebenem Standortvorteil, der die Nähe zu Europa beinhaltet, seine günstige und qualifizierte Arbeitskraft, eine funktionsfähige Infrastruktur sowie die vergleichsweise politische und soziale Stabilität.[357] Angefangen mit Zulieferungsverträgen im Textilien- und Handwerkssektor, folgten Aktivitäten in der Mechanik- und Elektrotechnik, was Tunesien langsam, aber stetig erlaubte den inländischen Wertschöpfungsanteil zu erhöhen.[358] Zusätzlich zu diesem wachsenden Export-Potenzial trug der Zufluss ausländischer Devisen durch die Tourismusindustrie sowie erfolgreiche Kooperationsprogramme mit internationalen Organisationen dazu bei, die wirtschaftliche Entwicklung des Staates voranzutreiben.[359] Tunesien wurde im „Human Development Index"[360] zwischen 1980 und 1999 der größte Fortschritt in der Region des Nahen und Mittleren Ostens bescheinigt[361] und im Jahr 2011 belegte es Platz 94 von 187 Staaten in der Rangliste des Weltentwicklungsberichts der Vereinten Nationen.[362] Gemäß den letzten verfügbaren Daten aus dem Jahr 2008 investierte Tunesien 6.5% seines BIP in Bildung - mehr als jeder andere Staat der Region.[363] Das Resultat dieser Politik ist, dass der Bildungsstand Tunesiens der höchste im regionalen Vergleich ist.[364] Tunesiens BIP pro Kopf stieg von $6,200 im Jahr 2003 auf $9,400 im Jahr 2011, wobei mehr als 80% der Bevölkerung zur Mittelklasse gerechnet werden

---

[354] *Der Aspekt der regionalen Einbettung bzw. geostrategischen Bedeutung und ökonomischen Relevanz spiegelt sich auch in Philippe C. Schmitters Faktorenbündel "timing, events, trends und cycles" (Schmitter 1985: 64) annäherungsweise wider.*
[355] *vgl. Armbruster 2011: 64, vgl. BTI Tunisia 2014: 19*
[356] *vgl. BTI Tunisia 2014: 4*
[357] *Ebd.*
[358] *Ebd.*
[359] *Ebd.*
[360] *Der Human-Development-Index setzt sich aus folgenden Indikatoren zusammen: Gesundheit, Bildung und Einkommen.*
[361] *vgl. Akrach/ von Mende 2011: 7*
[362] *vgl. BTI Tunisia 2014: 18*
[363] *vgl. BTI Tunisia 2014: 28*
[364] *vgl. Ruf 2015: 21*

müssen.[365] Dem gegenüber stehen 4,5% der Tunesier, die von weniger als \$2 am Tag leben und mehr als ein Viertel der Bevölkerung, die von weniger als \$4 am Tag leben.[366]

Auf die wirtschaftlichen Erfolge der 1980er und 1990er Jahre folgten keine sozialen Reformen, weshalb die soziale Entwicklung Tunesiens weit hinter den ökonomischen Fortschritten zurückgeblieben ist.[367] Die Jugend ist gut ausgebildet, parallel wurden jedoch nicht genügend neue Arbeitsplätze geschaffen.[368] Gleichzeitig mangelt es dem tunesischen Staat an Innovation, da sich die Produktion fast ausschließlich auf den Niedriglohnsektor konzentriert.[369] Zudem gilt die jahrelang vernachlässigte, als sehr ineffizient bewertete Landwirtschaft, als der instabilste Faktor der tunesischen Wirtschaft.[370] Sie trägt dazu bei, dass die Abhängigkeit Tunesiens von ausländischen Märkten stetig steigt.[371]

So hat es die tunesische Wirtschaftsdynamik trotz durchschnittlichen Wachstumsraten von 4% nicht geschafft die notwendigen 6% zu erreichen, die bei dem gegebenem Bevölkerungswachstum nötig gewesen wären, um die Arbeitslosigkeit erfolgreich zu bekämpfen.[372]

Aus wirtschaftlicher Perspektive waren die Jahre nach der Revolution schwer, so stieg die Arbeitslosenquote von 14% auf 19% und das Wirtschaftswachstum sank im Jahr 2012 um bis zu 5%: interne und externe Investoren wollten in diesem unsicheren Umfeld nicht mehr investieren, die Exportnachfrage sank aufgrund der Eurokrise[373] und der Tourismus brach ein - und hat sich aufgrund des islamistischen Bedrohungspotenzials bis heute nicht erholt.[374] Die wirtschaftlichen Schwierigkeiten, mit denen das heutige Tunesien konfrontiert ist, sind enorm.[375]

Syrien

Vor dem Ausbruch der Unruhen im März 2011 befand sich das Assad-Regime im Prozess einer Implementierung von Umverteilungsreformen sowie einer Politik der graduellen Liberalisierung von Syriens Zentralverwaltungswirtschaft.[376]

Syrien bezog sein BIP bis dahin vorwiegend aus der Ölförderung und der Landwirtschaft, wobei beide Sektoren stetigen Herausforderungen wie schwankenden Ölpreisen bzw. jahrelangen Dürren unterlagen. Das Öleinkommen hatte sich seit Jahrzehnten zur hauptsächlichen Devisenquelle Syriens gefestigt, so bezog das Land im Jahr 2010 25% seines Einkommens aus

---

[365] *vgl. BTI Tunisia 2014: 18*
[366] *Den letzten verfügbaren Daten aus dem Jahr 2010 der Weltbank folgend (vgl. World Bank 2012).*
[367] *vgl. Akrach/ von Mende 2011: 7*
[368] *vgl. Akrach/ von Mende 2011: 9*
[369] *vgl. BTI Tunisia 2014: 18*
[370] *vgl. Akrach/ von Mende 2011: 6-7*
[371] *Ebd.*
[372] *vgl. BTI Tunisia 2014: 18*
[373] *Die EU ist der Hauptabnehmer aller tunesischen Exporte (vgl. Akrach/ Von Mende 2011: 8).*
[374] *vgl. BTI Tunisia 2014: 3, vgl. Fleischer 2014: 10*
[375] *vgl. Fleischer 2014: 10*
[376] *vgl. BTI Syria 2014: 14*

Erdölexporten.[377] Zudem stellt der Niedriglohnsektor wie die Textilindustrie einen weiteren bedeutenden Sektor der syrischen Wirtschaft dar, ebenso wie der Bergbau und die Tourismusindustrie.[378]

Bis zum Ausbruch des Konfliktes hatte Syrien in den internationalen Bewertungen akzeptable Werte erzielt, wie u.a. in der Rangliste des Weltentwicklungsberichts der Vereinten Nationen in dem der syrische Staat zu der Gruppe der Schwellenländer gerechnet wurde und Platz 119 von 187 Staaten belegte.[379] Trotz einer beinahen Verdoppelung der Bildungsausgaben von 2,7% des BIP's im Jahr 2000 auf 4,3% des BIP's im Jahr 2005 gab es angesichts der jungen Bevölkerung eine hohe Jugendarbeitslosigkeitsrate in Syrien, da das Bildungssystem unzureichend mit dem Arbeitsmarkt verknüpft wurde.[380] Zudem hat die Wasserknappheit durch vermehrte Dürren in den Jahren vor Ausbruch des syrischen Bürgerkrieges viele Farmer dazu gezwungen, ihre ehemals fruchtbaren Äcker zu verlassen und in die Städte zu migrieren.[381] Doch trotz dieser strukturellen Krise wurde in den ländlichen Gebieten kaum mehr investiert, und bei der verheerenden Dürre der Jahre 2006-2010 zeigte sich, dass die staatlichen Auffang- und Ausgleichsmaßnahmen der Vergangenheit nicht mehr funktionierten.[382] Das Einkommen in den betroffenen Gebieten nahm um 90% ab, 85% des Viehbestands ging zugrunde.[383] Der Anteil der Syrer, die weniger als $2 am Tag verdienen[384] beträgt 16,9 % der Bevölkerung.[385]

Von der nach 2000 eingeleiteten Wirtschaftsliberalisierung, dank derer Syrien in den letzten Jahren ökonomische Wachstumsraten von rund 4% verzeichnen konnte, profitierten in erster Linie die Städte und deren regimenahe Wirtschaftselite.

Der Ausbruch des syrischen Bürgerkriegs im Frühjahr 2011 in Kombination mit den internationalen Sanktionen hat Syriens staatlich dominierte Wirtschaft in eine extreme Krise gestürzt.[386] Durch die Sanktionen der EU und der Vereinigten Staaten wird kaum mehr Öl exportiert, der Tourismus als letzte ausländische Devisenquelle ist komplett kollabiert und die zwischen 2002 und 2007 fast versechsfachten Investitionen aus arabischen Staaten sind stark zurückgegangen.[387] Die sanktionierte Wirtschaft Syriens leidet zutiefst, schafft es jedoch durch den Handel mit Staaten wie dem Iran, dem Libanon und Jordanien sowie einer seit Kriegsausbruch entstehenden Gewaltökonomie von Schmugglern und Schwarzhändlern zu

---

[377] *vgl. BTI Syria 2014: 18*
[378] *vgl. Deutsche Welle 01.11.2013*
[379] *vgl. BTI Syria 2014: 14*
[380] *Ebd.*
[381] *vgl. BTI Syria 2014: 24*
[382] *vgl. AlDailami/ Pabst 2014: 100*
[383] *Ebd.*
[384] *Den letzten verfügbaren Daten aus dem Jahr 2004 der Weltbank folgend.*
[385] *vgl. BTI Syria 2014: 2*
[386] *vgl. BTI Syria 2014: 14*
[387] *vgl. BTI Syria 2014: 16-18*

überleben.[388] Zudem konnte sich der Wirtschaftszweig der Landwirtschaft aufgrund günstiger klimatischer Bedingungen erneut ausdehnen und so die Ernährungsgrundlage, in dem vom Krieg zerrissenem Land, weitestgehend sicherstellen.[389]

5.1.2) Soziostrukturelle Faktoren

<u>**Tunesien**</u>

In der tunesischen Gesellschaft existieren zwei Spaltungslinien, wobei eine die Bevölkerung entlang regionaler Linien, d.h. Küstengebiete vs. Landesinneres und die andere entlang sprachlicher Linien, d.h. frankophone vs. arabophone Bevölkerung, trennt. Diese Spaltung hatte sich bereits im 19. Jahrhundert herauskristallisiert, wurde jedoch unter Habib Bourguiba und Ben Ali weiter verschärft.[390] Frankophonie korreliert stark mit den urbanen Küstenregionen in Verbindung mit der kleinen tunesischen Elite und einem Teil der breiten Mittelschicht, die zutiefst durch den französischen Säkularismus, der sich während der Kolonialherrschaft Frankreichs in den urbanen Zentren verankerte, geprägt sind.[391] Tunesiens steigender Wohlstand kam zudem nur in den urbanen Zentren und den touristischen Küstengebieten an, die ländlichen Regionen verzeichneten kein Wachstum.[392] Dabei arbeiten landesweit knapp 20% der Bevölkerung in der Landwirtschaft, doch die Löhne werden nur unregelmäßig gezahlt und sind kaum existenzsichernd.[393] Mehr als ein Drittel der Menschen auf dem Land leben unterhalb der nationalen Armutsgrenze.[394] Zwar versuchte das Regime mit Initiativen für ländliche Entwicklungsprojekte dieser Problematik entgegenzusteuern, doch die räumlichen Disparitäten innerhalb Tunesiens sind aufgrund der jahrzehntelang vernachlässigten ländlichen Regionen zu gravierend, als dass damit kurzfristige Erfolge hätten erzielt werden können.[395] Das Fehlen einer Infrastruktur, Arbeit sowie Ausbildungsmöglichkeiten und die damit einhergehende mangelnde Kaufkraft in den ländlichen Regionen, die sich in der dortigen Arbeitslosenquote von rund 30% unter den gut ausgebildeten Jugendlichen widerspiegelt, haben zu einem unterschiedlichen Entwicklungstempo und wachsenden Klassenunterschieden in der Bevölkerung geführt.[396] Tunesien ist nicht stark von extremer Armut betroffen, wohl aber von einer großen regionalen Diskrepanz bezüglich der Einkommensverteilung. Der Gini-Koeffizient[397] des Landes lag im

---

[388] *vgl. Deutsche Welle 01.11.2013, vgl. Pott 2012: 165*
[389] *vgl. Deutsche Welle 01.11.2013*
[390] *vgl. Akrach/ von Mende 2011: 8*
[391] *vgl. Pott 2012: 131*
[392] *vgl. Akrach/ von Mende 2011: 9*
[393] *vgl. Houdret/ Elloumi 2013: 2*
[394] *Ebd.*
[395] *Ebd.*
[396] *Ebd.*
[397] *Der Gini-Index ist ein statistisches Maß zur Darstellung von Ungleichverteilung in einer Gesellschaft. Die Skala möglicher Werte reicht in diesem Fall von 0 bis 100, wobei der kleinste Wert für die gleichmäßigste Verteilung steht und der größte für die extremste Ungleichheit.*

Jahr 2010 bei 35.8.[398]

Die Machtbeziehungen zwischen den sozialen Klassen sind in Tunesien weitestgehend egalitär, mit Ausnahme der ausgegrenzten Bauern sowie räumlich benachteiligter gut ausgebildeter Jugendlicher. Die Machtbeziehung vom Staat zu den verschiedenen sozialen Klassen, mit Ausnahme der kleinen wirtschaftspolitischen Elite, muss vor dem Sturz Ben Alis als paternalistisch-autoritär eingestuft werden.

Syrien

In der syrischen Gesellschaft existiert ein gravierendes Stadt-Land Gefälle und eine zugespitzte soziale Schieflage,[399] was die urbanen Zentren und das alawitische Kernland an der Küste von dem Landesinneren spaltet. Zu einem erheblichen Teil, jedoch keineswegs ausschließlich, korreliert diese Spaltungslinie mit der ethnisch-konfessionellen Zugehörigkeit der Syrer.[400] Die Alawiten lebten im heutigen Syrien lange als verfolgte und marginalisierte Minderheit, Ende der 1960er Jahre kam es mit dem Machtaufstieg des Alawiten Hafiz al-Assad jedoch zu einer historisch bedingten Veränderung der Macht- und Interessenkonstellation. Hafiz festigte in den folgenden Jahrzehnten durch mafiaartige Strukturen die Basis seiner Macht auf den Mitgliedern seines Familienclans und Sippe, die der Religionsgemeinschaft der Alawiten angehören.[401] Gleichzeitig wurde eine Politik angestrebt, die sich größtenteils bis heute hält, einen Teil der anderen Minderheiten[402] sowie die sunnitische Wirtschaftselite- und Mittelklasse strikt an das Regime zu binden.[403] Durch die seit 2000 unter Baschar al-Assad einsetzende neoliberal ausgerichtete Wirtschaftspolitik in Verbindung mit einer mafiaähnlichen Vernetzung zwischen Regime und privater Wirtschaft sowie strukturbedingter ökonomischer Krisen, verschlechterte sich die Lage viele sozialer Schichten Syriens, insbesondere der Landbevölkerung und Arbeitnehmer mit mittleren und niedrigen Einkommen.[404] Als Resultat dieser sozioökonomischen Entwicklung ist die in Syrien traditionell starke Mittelschicht geschrumpft.[405] Die Kluft zwischen Land und Stadt sowie zwischen arm und reich, die sich insbesondere in der ungleichen Einkommensverteilung widerspiegelt, wuchs seit der Jahrtausendwende dramatisch.[406] Syriens Gini-Koeffizient[407] lag im Jahr 2004 bei 35.8.[408] Da

---

[398] Den letzten verfügbaren Daten aus dem Jahr 2010 der Weltbank folgend (vgl. World Bank 2012).
[399] vgl. Pott 2012: 163
[400] Das Regime legte stets großen Wert auf die Loyalität religiöser Minderheiten und privilegierte einen Teil dieser. Gleichzeitig bestand eine strategische Politik der Spaltung der ethnischen Gruppen, insbesondere auch der Minderheiten. Dies erklärt, warum man in Syrien sowohl regimetreue als auch oppositionelle Gruppen aller Religionen, Ethnien und sozialen Klassen findet (vgl. Said 2013).
[401] vgl. Pott 2012: 164, vgl. Rieper 2011: 75
[402] Mit Ausnahme der Gruppe der Kurden, die teils vom Regime instrumentalisiert und teils marginalisiert wurde.
[403] vgl. Pott 2012: 164
[404] vgl. Said 2013
[405] Ebd.
[406] Ebd.
[407] Der Gini-Index ist ein statistisches Maß zur Darstellung von Ungleichverteilung in einer Gesellschaft. Die Skala möglicher Wert reicht in diesem Fall von 0 bis 100, wobei der kleinste Wert für die gleichmäßigste Verteilung steht und der größte für die extremste Ungleichheit.

der ländliche Raum überproportional sunnitisch besiedelt ist,[409] ist diese Bevölkerungsgruppe, ebenso wie ein Großteil der kurdischen Bevölkerung, besonders stark von dieser Entwicklung, betroffen. Das Kapital kumuliert zunehmend in den Händen einer kleinen Gruppe von Geschäftsleuten und der Staatselite, die ein großes Interesse am Fortbestehen des korrupten politischen Systems und der Klientelwirtschaft haben.[410]

Diese Konfliktlinie spiegelt sich auch in den Machtbeziehungen zwischen den sozialen Klassen wider, wobei es zudem eine räumliche Benachteiligung der Landbevölkerung gibt. Die Machtbeziehung vom Staat zu den verschiedenen sozialen Klassen, mit Ausnahme der mit dem System verknüpften wirtschaftlichen Elite, muss als paternalistisch-autoritär eingestuft werden.

5.1.3) Kulturelle Faktoren

<u>Tunesien</u>

Die tunesische Gesellschaft hat eine arabisch-muslimische Identität. Nachdem die islamische Identität Tunesiens jedoch mehr als 5 Dekaden unter dem säkularen Entwicklungsmodell der beiden Diktatoren auf ein Minimum reduziert wurde, sind seit der Abdankung Ben Alis Aspekte eines Kulturkampfes zwischen religiösen und säkularen Akteuren zu Tage getreten.[411] Dabei geht es um die (Re-)Definierung der kulturellen Identität der tunesischen Gesellschaft und es hat sich eine innerislamistische Debatte über den richtigen Weg zur „Wiedergeburt" einer islamischen Gesellschaft herausentwickelt.[412] Die Konfliktlinien verlaufen dabei zwischen den gemäßigten Islamisten und den Säkularen, innerhalb von Ennahda[413] sowie zwischen den radikalen Salafisten und der tunesischen Elite.[414] Die tunesische Elite fordert eine strikte Trennung zwischen Religion und Staat.[415] Diese Haltung wird jedoch nicht von allen Tunesiern geteilt, was die Gesellschaft spaltet und die Arbeit der verfassungsgebenden Versammlung, die das tunesische Grundgesetz entwarf, lange Zeit blockierte.[416] Grund dafür war, dass der rechtmäßige Wahlsieger, die islamistische Ennahda-Partei die zukünftige Rolle des Islam im postrevolutionären Tunesien zur Disposition stellte.[417] Rachid al-Ghannouchi[418] beharrte darauf,

---

[408] *Den letzten verfügbaren Daten aus dem Jahr 2004 der Weltbank folgend (vgl. World Bank 2012). Es ist davon auszugehen, dass sich der Wert nach 2004 verschlechtert hat.*
[409] *vgl. AlDailami/ Pabst 2014: 98*
[410] *vgl. Said 2013*
[411] *vgl. Zayed 2015: 2*
[412] *vgl. Pott 2012: 132*
[413] *Diese islamistische Bewegung begann sich 1981 unter der Führung Rachid al-Ghannouchis als "Mouvement de la Tendance Islamique " (MTI) zu organisieren. Auf die Gründung dieser Bewegung reagierte der Staat repressiv, was letztendlich mit dazu beitrug radikale Tendenzen innerhalb der islamistischen Bewegungen Tunesiens zu fördern.*
[414] *vgl. Pott 2012: 130*
[415] *vgl. Pott 2012: 131*
[416] *Ebd.*
[417] *vgl. Zayed 2015: 2*
[418] *Ghannouchi ist der Kopf und Mitbegründer der islamistischen Bewegung und Ennahda-Partei. Der Philosophie-Lehrer propagiert seit den 1970er Jahren eine Rückkehr zu islamischen Werten in der tunesischen Gesellschaft und wurde 1987 zu lebenslanger Zwangsarbeit verurteilt.*

dass Demokratie und Islam durchaus vereinbar sind.[419] Gleichzeitig stand er unter dem Druck des rechten Flügels seiner Partei, der die Scharia als Hauptquelle der Gesetzgebung in die neue Verfassung aufnehmen wollte; Andere konservative Islamisten und die militanten Salafisten verlangten dies ebenfalls mit großem Nachdruck.[420] Dem stellten sich jedoch die säkularen Kräfte entgegen. Ennahda gab schließlich die Forderung, dass die Gesetzgebung sich an der Scharia ausrichten müsse, auf.[421] So bleibt die Scharia unerwähnt und Artikel 1 der alten Verfassung wurde im Wortlaut übernommen:

"La Tunisie est un État libre, indépendent et souverain, l'Islam est sa religion, l'arabe sa langue et la République son régime."[422]

Dieses Einlenken der Ennahda-Partei führte zu tiefer Empörung und der teilweisen Abwendung der radikalen Islamisten von Ghannouchi.[423] Diesem Ereignis vorausgegangen war eine über zweijährige, wenig versöhnliche Auseinandersetzung der verfassungsgebenden Versammlung über islamische Prinzipien.[424] Es kam zur Ermordungen zweier Oppositionsführer. Diese Attentate gefährdeten die verfassungsgebende Versammlung und brachten Tunesien an den Rand der politischen Anarchie.[425] Die Täter wurden in extremistisch-islamistischen Kreisen vermutet und Ennahda wurde vorgeworfen, das Land nicht effektiv vor solchen Gruppierungen schützen zu können.[426] Eine beträchtliche Zahl von Moscheen geriet unter salafistische Kontrolle und Prediger riefen offen zum Dschihad auf, es kam zu gewalttätigen Übergriffen; Politiker und andere Persönlichkeiten des öffentlichen Lebens wurden eingeschüchtert und bedroht, wenn sie sich nicht an die strengen Regeln der Radikalen hielten.[427] Die islamistische Regierungspartei Ennadhda ließ sich von den radikalen Islamisten vereinnahmen, da sie die offene Konfrontation mit ihnen scheut(e).[428] Sie verurteilte zwar die Übergriffe salafistischer Gewalttäter, doch nicht die Ideologie als solche.[429] Ennahda argumentierte dabei, die Fehler des alten Regimes der repressiven Maßnahmen gegen die Salafisten nicht wiederholen zu wollen, da diese kontraproduktiv seien und eine Radikalisierung militanter Gruppen fördern würden.[430] Doch durch den von Ennahda initiierten Dialog mit jenen salafistischen Gruppen, die sich legal

---

[419] vgl. Pott 2012: 126
[420] vgl. Pott 2012: 131
[421] Ebd.
[422] Constitution de la République Tunisienne 26.01.2014: 4; freie Übersetzung aus dem Französischen ins Deutsche von d.V.: "Tunesien ist ein freier, unabhängiger und souveräner Staat; Der Islam ist seine Religion, seine Sprache ist Arabisch und seine Staatsform ist die Republik."
[423] vgl. Pott 2012: 131/132
[424] vgl. Börner 2014: 4
[425] vgl. Zayed 2015: 2
[426] vgl. Fleischer 2014: 8
[427] vgl. Zayed 2015: 2
[428] vgl. Pott 2012: 134
[429] Ebd.
[430] Ebd.

verhielten, unterstützte Ennahda die Legalisierung dieser, wobei die salafistische Ideologie zunehmend mehr Anhänger fand.[431]

Die neue tunesische Verfassung, die einen Kompromiss der religiösen und säkularen Akteure darstellt, ist an einigen Stellen sehr widersprüchlich.[432] Damit spiegelt sie die tunesische Gesellschaft wider,[433] die es jedoch nach einem langen Kulturkampf geschafft hat, eine Versöhnungsmöglichkeit zwischen dem islamischen Glauben und der Demokratie herzustellen. Die Profiteure des tunesischen Liberalisierungsprozesses waren dabei zuerst die islamistischen Parteien und Kandidaten gewesen. Huntington zufolge liefert dieses Faktum, dass stets islamistische Bewegungen Nutznießer politischer Öffnungsprozesse im arabischen Raum sind, die Erklärung dafür, dass unabhängig davon, was die Theorie über die Kompatibilität von Islam und Demokratie besagt, die Praxis den Beweis dafür liefere, dass beide Konzepte unvereinbar miteinander sind.[434] Das tunesische Beispiel widerlegt Huntingtons Annahme jedoch. So gaben in einer Umfrage, die Ende 2013 in sechs Staaten der Region durchgeführt wurde, 72% der Tunesier an, dass Religion und Politik nicht miteinander vermischt werden sollten.[435] Solche säkularen Präferenzen in Tunesien geben einen Hinweis darauf, dass es sich bei den erstmals freien Wahlen in Tunesien am 23. Oktober 2011, bei der die islamische Ennahda-Partei mit 41,5% abschnitt, nicht um eine schleichende Islamisierung des Landes handelt(e), sondern dass Ennahda insbesondere aufgrund ihrer Position als lange Zeit unterdrückte oppositionelle Gruppierung und einer dementsprechenden Sympathisierung mit dieser „Opfergruppe" gewählt wurde.[436] So handelt es sich bei Ennahda um jene Partei, die unter Ben Ali den stärksten Repressionen unterlegen war und 1989 komplett verboten wurde. Seitdem hat Ennahda jedoch einen Wandel vollzogen und präsentiert sich mittlerweile offen gegenüber anderen politischen Kulturen.[437] Weiterhin wurde Tunesien in den letzten fünf Dekaden säkular durch eine rigorose Form des „Laizismus von oben" regiert, der die Gesellschaft zu „entislamisieren" versuchte.[438] Mit dem Sturz des Diktators eröffnete sich für die Gesellschaft erstmals die Möglichkeit, eine Alternative zum bisherigen System zu wählen.[439] Eine wirklich ernstzunehmende und zum verdrängten System völlig konträr stehende Alternative boten dabei einzig die sogenannten

---

[431] vgl. Zayed 2015: 2
[432] Die gegensätzlichen Weltanschauungen von säkularen und islamistischen Kräften finden sich im widersprüchlichen Verfassungstext wieder. Kontrovers zeigt sich z.B. Artikel 6, da dieser zwar die Glaubens- und Gewissensfreiheit garantiert, diese jedoch durch den „Schutz des Heiligen" einschränkt (vgl. Zayed 2015: 2).
[433] vgl. Zayed 2015: 2
[434] vgl. Huntington 1991: 308
[435] vgl. Fleischer 2014: 8
[436] Ebd.
[437] vgl. Akrach/ von Mende 2011: 13
[438] vgl. AlDailami/ Pabst 2014: 167
[439] vgl. BTI Tunisia 2014: 6

Islamisten.[440] Forschungserkenntnisse besagen zudem, dass nach dem Zurückdrängen der Kräfte des alten Regimes, sich nicht die Initiatoren des Wandels durchsetzen, sondern jene die über die höchsten Organisationskapazitäten verfügen.[441] Bei den Umstürzen des Arabischen Frühlings spielte die Ennahda-Bewegung eine bedeutende Rolle, da sie das Renommee langjähriger stetiger Oppositionsarbeit gegen das autoritäre Regime genießt, mit ihren Netzwerken an religiösen, sozialen und politischen Einrichtungen über Organisationsstrukturen verfügt und Erfahrungen vorweisen konnte, die den neuen Oppositionskräften noch fehlten.[442] Die Tatsache, dass sich nach dem Sturz Ben Alis kein politischer Akteur gegen eine Mitbeteiligung Ennahdas aussprach, ist zudem auf deren zunehmende Dialogbereitschaft zurückzuführen[443] und zeigt, dass auch der gemäßigte Islam in seinem politischen und gesellschaftlichen Anspruch dem Wandel unterworfen ist.

Doch trotz dieser versöhnlichen Entwicklungen existieren weiterhin fundamentalistische Tendenzen. Die Salafisten, deren Führer vor der Revolution im Gefängnis saßen, fordern heute in aggressivem Ton eine zentrale Rolle für den Islam, so wie sie ihn verstehen, bzw. einen islamischen Staat.[444] Die drohende Gefahr durch gewaltbereite Islamisten an den Grenzregionen und im Landesinneren ist enorm. Die allgemeine Politikverdrossenheit in Tunesien wächst zudem stetig; Denn gerade in den armen vernachlässigten Gebieten im Süden und Nordwesten hat sich nichts zum Positiven hin gewendet, sondern in mancher Hinsicht hat sich die sozio-ökonomische Situation noch verschlechtert.[445] Es ist diese Resignation und die Ernüchterung, die nicht nur unausgebildete, sondern auch qualifizierte Menschen in die Fänge der islamistischen Netzwerke treibt.[446] So bestätigt sich Huntingtons[447] Prognose im Falle Tunesiens, dass die Bevölkerungsexplosion und Mobilisierung in muslimischen Gesellschaften mit einem riesigen Reservoir an jungen, oft beschäftigungslosen Männern eine natürliche Quelle der Instabilität und ein Rekrutierungspotential für Fundamentalismus, Terrorismus, Aufstände und Migration bietet, teilweise. Die Angst in der tunesischen Bevölkerung vor einer Islamisierung ihres Landes steigt stetig.[448]

Ungeachtet dessen, lässt sich feststellen, dass im heutigen Tunesien ein Konsens über die Re-Definierung der kulturellen Identität der tunesischen Gesellschaft gefunden wurde und es dabei zu einer Unterscheidung zwischen der religiösen und der politischen Gemeinschaft, d.h. der

---

[440] vgl. AlDailami/ Pabst 2014: 167
[441] vgl. Beck 2013: 648
[442] vgl. Rosiniy 2011: 7
[443] vgl. Akrach/ von Mende 2011: 13
[444] vgl. Pott 2012: 133
[445] vgl. Zayed 2015: 5
[446] Ebd.
[447] vgl. Huntington 1996: 156,433
[448] vgl. Fleischer 2014: 8

Trennung von Kirche und Staat, gekommen ist. Mit dem Wahlsieg einer islamistischen Partei hat sich gezeigt, dass auch kulturelle Faktoren dynamisch sind und eine Versöhnungsmöglichkeit zwischen dem islamischen Glauben und der Demokratie gefunden werden kann. Zwar hat in der neuen tunesischen Demokratie die Religion einen wesentlich höheren Stellenwert als in den säkularen Demokratien Europas, das widerspricht jedoch keineswegs Tunesiens Klassifizierung eines demokratischen Systems. Nichtsdestotrotz hat die Zeit von Krisen und einem rapiden gesellschaftlichen Wandel auch in Tunesien den Aufstieg radikal islamistischer Bewegungen gefördert, der die junge Demokratie Tunesiens noch vor große Herausforderungen stellen wird.

Syrien

Das syrische Regime, stets bemüht die säkulare Natur des Staates und seine religiös vielfältige Bevölkerung zu unterstreichen, betont klar die arabische Identität seiner Gesellschaft,[449] verfolgt jedoch einen widersprüchlichen Ansatz bzgl. der Anerkennung der religiösen Identität.[450] Wortgleich bezeichnen die syrischen Verfassungen von 1950, 1973 und 2012 in Artikel 3 den Islam als „Religion des Präsidenten der Republik" und die islamische Jurisprudenz als „eine Hauptquelle der Gesetzgebung", entsprechend der Tatsache, dass zwischen 85% und 90% der Syrer islamischen Glaubens sind.[451] Davon abgesehen gibt es keine weiteren religiösen Bezugspunkte in der Verfassung.[452] Vielmehr versuchte(e) das autoritäre Assad-Regime, vor allem in den ersten Jahren der Baath-Herrschaft, mit einer äußerst aggressiven Vorgehensweise und religionsfeindlicher Politik den Islam aus der politischen Sphäre rauszuhalten.[453] Die freie Religionsausübung der syrischen Bevölkerung wurde dahingegen garantiert und auch durchgesetzt, insbesondere die Christen fühlten sich unter den Assads sicher vor möglichen Übergriffen militanter sunnitischer Muslime.[454] Doch hinter der scheinbar säkularen Fassade des Regimes steckt ein kompliziertes Machtteilungssystem, das religiöse, ethnische und soziale Aspekte berücksichtigt und die relative Macht einflussreicher religiöser Protagonisten mit dem politischen Schicksal des Regimes verknüpft(e).[455] Zudem ging das Regime im Zuge der dauerhaften Auseinandersetzungen mit der islamischen „Opposition" zunehmend dazu über, nur den politischen Islam rigoros zu verfolgen.[456] Anlass dazu gab der ab 1979 entfachte blutige Machtkampf zwischen der islamischen Opposition, insbesondere den Muslimbrüdern, und dem Regime.[457] Diese Auseinandersetzung endete im Februar 1982 im Massaker von Hama,

---

[449] vgl. Constitution of the Syrian Arab Republic - 2012
[450] vgl. BTI Syria 2014: 7
[451] vgl. BTI Syria 2014: 7, vgl. Schumann/Jud 2013: 48
[452] vgl. BTI Syria 2014: 7
[453] vgl. Schumann/Jud 2013: 48
[454] vgl. Pott 2012: 168
[455] vgl. Said 2013: 54
[456] vgl. Schumann/Jud 2013: 48
[457] vgl. Lange 2013: 43

woraufhin die syrische Muslimbruderschaft, auf deren Mitgliedschaft seit 1980 die Todesstrafe stand, zerschlagen wurde.[458] Diese Tragödie wirkte bis Ausbruch der Proteste im März 2011 als nachhaltige und wirksame Abschreckung gegen etwaige Aufstandspläne.[459]

Da sich seit 1982 bis zur syrischen Revolution im Jahr 2011 keine neuen umfassenden Aufstands- oder oppositionellen Bewegungen in Syrien herausgebildet haben, ist es schwer islamische Bewegungen sowie Gruppierungen innerhalb Syriens einzuschätzen. Als eine organisierte säkulare Bewegung kann jedoch die im Juni 2011 erstmals in Damaskus abgehaltene Konferenz von der lange Zeit unterdrückten innersyrischen Opposition gewertet werden, wobei 16 nichtislamistische Parteien und 300 Intellektuelle das „Nationale Koordinationskomitee für Demokratischen Wandel" (NCC) gründeten.[460] Zudem hat sich nach Ausbruch der Proteste in Syrien die Muslimbruderschaft neu organisiert. Tatsache ist jedoch, dass der Ausbruch des Konfliktes im März 2011 in Syrien keinen (direkten) religiösen Hintergrund hatte. Die ethnische und religiöse Vielfalt Syriens birgt jedoch insbesondere in Zeiten des Konfliktes die Gefahr einer Instrumentalisierung. Dies erklärt zu einem großen Teil, weshalb sich der syrische Bürgerkrieg innerhalb kürzester Zeit zu einem konfessionellen Stellvertreterkrieg externer Mächte entwickeln konnte.[461]

Landeskenner Syriens erwarten im Falle eines Regimewechsels, analog zu den Geschehnissen in Tunesien und Ägypten, dass Islamisten verschiedener Prägung die Politik des Landes entscheidend mitbestimmen werden.[462] Dass diese Politik dann, ähnlich dem tunesischen Modell, zu einer islamischen Demokratie oder zumindest analog zum „alten" kooptierten syrischen Minderheiten-Regime zu einem säkularen Staat mit einer friedlichen und freien Religionsausübung führen würde, ist angesichts der zunehmenden Konfessionalisierung und innersyrischen Brutalität des Konfliktes auszuschließen. Vielmehr hat die zunehmende Visibilität[463] der Salafisten in den befreiten Gebieten Syriens große Angst in der Bevölkerung, insbesondere bei den Frauen, Minderheiten und Säkularen, hervorgerufen, was potenzielle zukünftige Verhandlungen über eine neue Verfassung und die Identität des syrischen Staates betrifft.[464] Die gegenwärtige Entwicklung eines zerfallenden syrischen Staates sowie die Bedrohung durch den „Islamischen Staat" (IS)[465] und dessen Besetzung syrischen Territoriums

---

[458] *vgl. Lange 2013: 43*
[459] *Ebd.*
[460] *vgl. AlDailami/ Pabst 2014: 97*
[461] *siehe auch Kapitel 5.1.6.: Geopolitische Bedeutung, Syrien*
[462] *vgl. Pott 2012: 137*
[463] *Die zahlenmäßige Beteiligung syrischer Salafisten ist nicht bekannt. Mit der zunehmenden Konfessionalisierung des Krieges, ist der Anteil von Kämpfern mit djihadistischer Orientierung, insbesondere aus dem Ausland wie Irak, Libyen, Saudi-Arabien und Tunesien stammend, angestiegen (vgl. Asseburg 2013: 15).*
[464] *vgl. BTI Syria 2014: 25*
[465] *„IS" steht für den „Islamischen Staat" (auch: ISIL „Islamischer Staat im Irak und der Levante"/ ISIS „Islamischer Staat im Irak und in Syrien"). Diese fundamentalistische Organisation verfolgt das Ziel ein Kalifat im Nahen Osten zu errichten (vgl. LpB 2015).*

haben zum Zusammenbruch der sozialen Ordnung und zivilen Gesellschaft in Syrien geführt. So wurde ein Machtvakuum geschaffen, das von religiösen, größtenteils radikalisierten Gruppen und Organisationen, zunehmend besetzt wird. Diese religiösen Gruppen, worunter auch die fundamentalistische Organisation IS gefasst werden muss, übernehmen in steigendem Maße die Befriedigung der sozialen und emotionalen Bedürfnisse der entwurzelten Bürger. Huntington[466] zufolge schafft dieses Phänomen den religiösen Gruppen wiederum Zulauf ihrer Mitgliederzahl und die Steigerung der eminenten Bedeutung der Religion im sozialen und politischen Leben. Zeiten rapiden gesellschaftlichen Wandels erfordern neue Quellen der Identität, die ein Gefühl von Sinn und Zweck vermitteln.[467] Insbesondere dem IS ist es dabei gelungen, durch die Übernahme bereits existenter Organisationen und Strukturen im syrischen Staat sowie der Vermittlung eines klaren und einfacher fassbarem Weltbildes als der abstrakten Vorstellung der Demokratie, diese Rolle zu übernehmen. Durch die Mobilisierung eines Teils der vom alten Regime enttäuschten Bevölkerungskohorte der jungen und beschäftigungslosen Männer, bietet sich dieser breiten Gruppe nun eine Alternative zu Assads Syrien, die ihnen die syrische Opposition in den 4 Jahren des Krieges nicht bieten konnte. Diese militante Re-Islamisierung der syrischen Gesellschaft wird in Syrien auch zukünftig eine gravierende Rolle spielen und die neue Sozial- und Gesellschaftsordnung prägen.

Im heutigen kriegszerrissenem Vielvölkerstaat Syrien besteht kein Konsens über die religiöse Identität der Gesellschaft. Das zuvor existente säkulare Modell Syriens muss als „von oben" aufoktroyiert eingestuft werden. Die Tendenzen vor dem Ausbruch des syrischen Konfliktes zeigen jedoch, dass die Verbannung des politischen Islams aus der politischen Sphäre eine Vielzahl organisierter Gegner in der Gesellschaft geschaffen hat. Andererseits schätzen insbesondere die religiösen Minderheiten Syriens das Bekenntnis des Staates zu Säkularität. Die Gesellschaft ist (auch) in Religionsangelegenheiten stark gespalten.

5.1.4)   Nationale Einheit

<u>Tunesien</u>

Tunesien verfügt über ein klar abgegrenztes Territorium und es gibt keine bedeutenden Sezessionsbestrebungen, die die territoriale Einheit des Staates in Frage stellen. Die tunesische Gesellschaft kann als sehr homogene Gesellschaft bezeichnet werden, auch wenn enorme regionale Disparitäten sowie starke Widersprüche in der Bevölkerung existieren, was das Streitthema Religion und deren Rolle und Stellenwert im gesellschaftlichen Leben betrifft.

Die syrische Gesellschaft kennzeichnet sich durch eine extreme ethnische und religiöse Vielfalt,[468] weshalb sie als sehr heterogene Gesellschaft bezeichnet werden muss. Wenngleich Syrien lange Zeit als künstlicher Staat betrachtet wurde, akzeptiert und unterstützt die Mehrheit der Syrer das dominierende Konzept des syrischen Nationalstaates.[469] Einzige Ausnahme stellt die kurdische Wählerschaft, die größtenteils nach politischer Autonomie strebt. Dies ist nicht nur der jahrelangen Benachteiligung der Kurden in Syrien geschuldet, sondern auch der Tatsache, dass sich Syrien bereits in der Verfassung von 1973 wie auch in der neuen von 2012 als arabische Republik definiert, wodurch die große kurdische Minderheit sowie andere kleinere nicht-arabische Bevölkerungsgruppen Syriens keine Anerkennung finden.[470] Die tiefen religiösen und ethnischen Gegensätze haben im Laufe der syrischen Geschichte immer wieder zu Spannungen und Konflikten geführt, konnten jedoch unter der Gewaltherrschaft der Assads lange unterdrückt werden. Die heutige syrische Gesellschaft spaltet sich in ihrer Unterstützung der Revolution in drei gravierende Konfliktlinien, die sich teils überlappen und politischer, religiöser und ethnischer Natur sind.[471] Aufgrund der Instrumentalisierung und Entartung des syrischen Bürgerkrieges in einen stark konfessionell beladenen Stellvertreterkrieg, haben die tiefen religiösen und ethnischen Gegensätze Syriens erneut extremstes Konfliktpotenzial erreicht. Nach Huntington[472] handelt es sich hierbei um ein konsequentes Vorgehen autoritärer Systeme, die stets abzusichern versuchen, dass soziale, ethnische oder „rassische" Unterschiede zwischen Tätern und Opfern staatlicher Gewalt bestehen. Das spaltet die Gesellschaft noch stärker entlang der Konfliktlinien und beugt einer starken und geeinten Opposition langfristig vor. Sollte das Assad-Regime nach nun über vier Jahren Krieg fallen, ist davon auszugehen, dass es keinen Regimewechsel in Syrien mehr geben wird, sondern einen zerfallenen Staat sowie die verlorene nationalen Einheit. Dies ist verstärkt der extremen Brutalität des Krieges geschuldet, der eine nationale Versöhnung nach Beendigung des Konfliktes außer Reichweite stellt.

5.1.5) Legitimationsbasis des autoritären Regimes

Tunesien

Habib Bourguiba, der erste tunesische Präsident, gilt als Vater der Unabhängigkeit und des modernen Tunesiens. Bourguiba pflegte einen streng autoritären Regierungsstil, förderte den Säkularismus und verfolgte seine politischen Gegner, insbesondere die Islamisten, rigoros.

---

[468] vgl. Pott 2012: 166
[469] vgl. BTI Syria 2014: 6
[470] Ebd.
[471] vgl. BTI Syria 2014: 2
[472] vgl. Huntington 1991: 199

Nichtsdestotrotz gilt er in Tunesien als Legende und wird verehrt.[473] Er gilt als der Mann, der die Monarchie abschaffte, das Land modernisierte und für die revolutionären sozialen Veränderungen des Landes verantwortlich war. Zwar machte sich nach drei Jahrzehnten autoritärer Herrschaft 1987 zunächst Erleichterung in Tunesien über die Ablösung des altersschwachen Präsidenten breit,[474] doch Bourguiba konnte stets einen unausgesprochenen gesellschaftlichen und politischen Konsens für sich beanspruchen.

Sein Nachfolger Ben Ali sicherte sich seine Legitimationsbasis am Anfang seiner Amtszeit durch das Versprechen einer Liberalisierung sowie offensichtlichen wirtschaftlichen Erfolgen in den 1980er und 1990er Jahren. Über die Jahre wurde die Hoffnung in der Bevölkerung, dass mit der wirtschaftlichen Liberalisierung zwangsläufig auch eine politische Öffnung erfolgen würde, jedoch enttäuscht. Zudem spitzten sich die sozialen und wirtschaftlichen Probleme in dem letzten Jahrzehnt seiner Herrschaft gravierend zu und Ben Ali geriet aufgrund seines kleptomanischen Familien-Clans immer mehr in den Verruf.

Syrien

Hafiz al-Assad übernahm im Jahre 1970 mithilfe eines Staatsstreiches die Macht in Syrien und baute das Staatssystem, in seiner äußerst repressiven dreißigjährigen Herrschaft, zum bis heute bestehendem autoritären System um.[475] Der „strenge Vater der Nation" ist in Syrien noch heute omnipräsent und genoss zu seiner Lebzeit als Präsident einen exorbitanten Personenkult.[476] Er beendete mit seinem Putsch eine lange Periode der Instabilität in Syrien, wodurch er dem Land erstmals wieder langfristig politische Stabilität brachte sowie einen seinem sozialistischen System anhaftenden Sozialpakt versprach.[477] Der relative wirtschaftliche Wohlstand der 1970er Jahre und die Verwirklichung symbolischer Projekte wie der Bau des Euphratstaudammes machten Assad zunächst durchaus populär.[478]

Hafiz rühmte sich als Garant von Stabilität und Sicherheit sowie sozialem und wirtschaftlichen Aufstieg, - das jedoch nur für an das Regime kooptierte Bevölkerungsgruppen. Es mangelte ihm an einem breiten und auf Dauerhaftigkeit ausgelegten gesellschaftlichen und politischen Konsens. Dies spiegelte sich in der ab Ende der 1970er Jahre zunehmenden Kritik am Regime wider.[479] Als sein Sohn Baschar al-Assad in einem quasi „dynastischen Referendum" im Juli 2000 als neuer Machthaber Syriens bestätigt wurde, trumpfte dieser kurz darauf mit einem

---

[473] *vgl. Deutsche Welle 05.04.2010*
[474] *Ebd.*
[475] *vgl. Rieper 2011: 75*
[476] *vgl. Biegel, Reiner 2001: 27/28*
[477] *Hafiz bezog einen Großteil seiner Macht aus den Erdöleinnahmen des Landes und dem daraus resultierenden Sozialpakt aus staatlichen Auffang- und Ausgleichsmaßnahmen. Diese Maßnahmen schlugen aufgrund der neoliberalen Wirtschaftspolitik sowie strukturell bedingten wirtschaftlichen Misserfolgen unter seinem Sohn Baschar ab 2010 fehl. Demzufolge konnte Hafiz seine Legitimität z.T. auf die funktionierende Verknüpfung zwischen politischem und sozio-ökonomischem System stützen, was Baschar al-Assad nicht mehr gelang.*
[478] *vgl. Lange 2013: 43*
[479] *Ebd.*

politischen Öffnungsprozess sowie neoliberalen Wirtschaftsreformen auf. Der kurzen politischen Liberalisierung unter Baschar folgte jedoch bald darauf ein Umkehrprozess und äußerste Repression. Weiterhin entpuppten sich seine ökonomischen Reformen als Misserfolg.

Baschar al-Assad „erbte" die Macht seines Vaters, änderte das alte autoritäre System jedoch nur kosmetisch.[480] Der Aufstand in Syrien kann daher als Revolution gegen ein seit über vierzig Jahren bestehendes autoritäres politisches System verstanden werden, dessen beiden für dieses Regime repräsentativen Alleinherrschern es seit jeher an einer gesellschaftlich und politisch verankerten breiten Legitimationsbasis mangelte.[481]

5.1.6) Geopolitische Bedeutung

<u>**Tunesien**</u>

Tunesien ist mit 163.610 km² und 10,4 Millionen Einwohnern ein verhältnismäßig kleiner nordafrikanischer Staat am Mittelmeer. Die Handelsbeziehungen mit der EU sind für Tunesien von enormem Wert, da zwischen 80 und 95% der tunesischen Exporte nach Europa gehen. Im Umkehrschluss ist die Bedeutung Tunesiens für die EU weitaus geringer, da die Produktion in der arabischen Welt kaum Kostenvorteile besitzt,[482] auch wenn Tunesien hier kleinere Standortvorteile gegenüber seinen Nachbarn in der MENA-Region vorweisen kann.[483] Ungeachtet dessen, bekommt das Land von Europa größtenteils die Rolle der Werkbank billiger Löhne zugeschrieben,[484] wenngleich der Anteil hoch gebildeter und qualifizierter junger Tunesier diesem „Arbeitsverhältnis" widerspricht. Zudem verfügt Tunesien über keine relevanten Ölvorkommen und hat keine geostrategisch wichtige Wasserstraße.[485] Die ökonomische und geostrategische Bedeutung Tunesiens ist im regionalen MENA-Vergleich sehr gering.[486]

<u>**Syrien**</u>

Syrien bildet einen Verknüpfungspunkt der drei Kontinente Europa, Afrika und Asien und liegt am östlichen Mittelmeer, wo es die beiden ökonomisch wichtigen Hafenstädte Latakia und Tartus beherbergt. Der syrische Staat besitzt eine lange Grenze mit Israel, weshalb er gemeinhin als Schlüsselstaat zu Krieg und Frieden im Nahen Osten gilt, wobei er gleichzeitig eine politisch brisante Achse mit dem Iran und der Hisbollah bildet.[487] Zudem hat das Land einen bedeutenden

---

[480] vgl. Al Arabiya 12.06.2014
[481] Ebd.
[482] vgl. Beck 2013: 657
[483] siehe Kapitel 5.1.1.: Sozioökonomische Faktoren, Tunesien
[484] vgl. Ruf 2015: 21
[485] vgl. Ruf 2015: 20
[486] vgl. AlDailami/ Pabst 2014: 58
[487] vgl. Armbruster 2011: 196

Ölreichtum. Die geografische Lage und regionale Einbettung Syriens zeigt, dass dieser Staat geostrategisch enorm wichtig ist und eine Vielzahl von differierenden Interessen in Syrien zusammen treffen. Syriens internationale Bedeutung ist aufgrund seiner ökonomischen und geostrategischen Relevanz sowie Bündnispolitik im regionalen MENA-Vergleich immens wichtig.[488]

5.2) Mikropolitische Aspekte (Akteure)

In der folgenden Analyse werden die im theoretischen Teil dieser Arbeit vorgestellten mikrotheoretischen Ansätze der Transitionsforschung auf die beiden Fallbeispiele Tunesien und Syrien angewandt. Dabei steht im Einklang mit Rüstow[489] und O'Donnell/ Schmitter[490] die überragende Rolle von Elitenverhalten und Eliteneinstellungen für die Etablierung eines demokratischen Systems im Fokus. Dementsprechend werden zuerst die politischen Akteure des autoritären Regimes, d.h. die regierende Elite und die Opposition, die mit ihren gewählten Handlungsoptionen maßgeblich den Verlauf des Arabischen Frühlings geprägt haben, sowie die militärischen und zivilen Akteure, untersucht. Ergänzt werden diese Akteursgruppen zudem durch potenziell wichtige externe Akteure, deren Interessenkonstellationen und Stärkeverhältnisse im Verlauf der Transitionsprozesse an Bedeutung gewonnen haben.

5.2.1) Politischer Akteur: Regierung

Tunesien

Während Ben Alis Regierungszeit besetzten insbesondere seine Familie und die seiner Frau sowie einige einflussreiche Persönlichkeiten die wichtigen Schlüsselpositionen in Politik und Verwaltung, weshalb der elitäre Machtkreis als verhältnismäßig klein und nicht schichtübergreifend an das Regime kooptierend bewertet werden muss. So kam es im entscheidenden Moment der Hochphase der tunesischen Revolution zu einer Spaltung der Elite, den „Hardlinern", vorzugsweise um Ben Alis Familienclan, und den „Softlinern", einem Bündnis aus Liberalisierern und der Masse. Die Unruhen in Tunesien entfachten innerhalb weniger Tage einen landesweiten Flächenbrand, dessen Spontaneität und weitgehende Führungslosigkeit die alte politische Garde in eine kurzzeitige Schockstarre versetze. Denn in Ermangelung eines Anführers des Aufstandes konnte kein charismatischer Opponent gezielt festgenommen und der Protest dadurch im Keim erstickt werden; Zudem profitierten die

---

[488] vgl. AlDailami/ Pabst 2014: 58
[489] vgl. Rüstow 1970
[490] O'Donnell/ Schmitter 1986: 48

Tunesier von der bis dato unterschätzten „Waffe" des Internets. Denn Tunesien war mit mehr als 1/3 Internetnutzern in der Bevölkerung im Jahr 2011[491] der Vorreiter in der MENA-Region. Die jungen Demonstranten profitierten immens von der schnellen Vernetzungsqualität dieses Mediums und organisierten ihre Protestwelle dabei insbesondere über das soziale Netzwerk „Facebook". Diese bis dahin unbekannte Dynamik erlaubte es ihnen zum einen den Geheimdienst zu umgehen, zum anderen führte sie zu einer blitzartigen Ausweitung der Unruhen im Land.[492] Das wahrgenommene Bedrohungspotenzial und die Mobilisierung der Opposition stiegen daher innerhalb kürzester Zeit unerwartet aufs Äußerste an, weshalb Ben Ali es als notwendiger denn je erachtete, eine ausgeweitete systematische Repression gegen die Opponenten einzusetzen. Dies konnte ihm jedoch nur gelingen, insofern er auf die Loyalität und den Zusammenhalt seiner Streitkräfte bauen konnte,[493] was ihm jedoch missglückte. Einzig die Präsidentengarde war loyal gegenüber Ben Ali eingestellt.[494] Der Oberkommandierende der Streitkräfte hingegen weigerte sich in der Stunde der höchsten Not des Präsidenten, diesen zu verteidigen. Das Militär wandte sich vom autoritären Machthaber ab. Ben Ali blieb daraufhin nur noch die Option, seinem Volk wichtige Zugeständnisse zu machen, doch die Demonstranten forderten mittlerweile nicht nur die Verbesserung der politischen, wirtschaftlichen und sozialen Lage im Land, sondern den Rücktritt des Präsidenten.[495] Nachdem die Unruhen nicht mehr zu kontrollieren waren, blieb Ben Ali am 14. Januar 2011 nur noch die Flucht ins Exil.[496] Dies war der letzte Rettungsversuch eines Teils der alten Garde,[497] die dem Anschein nach hoffte durch die Abdankung des Präsidenten - der mit seinem Familien-Clan und seiner 23-jährigen Herrschaft den Kopf des autoritären Systems verkörperte -, ihre eigene Herrschaft weiterhin zu sichern. Der Premierminister Mohamed Ghannouchi, ein langjähriger Verbündeter Ben Alis wurde daraufhin als Interimspräsident an die Macht gesetzt.[498] Doch da diese Übergangsregierung nur eine Fortsetzung der alten Herrschaft bedeutete und als kompromittiert galt, folgten weitere blutige Krawalle, woraufhin der Premier zurücktrat.[499] Die alte Partei Ben Alis wurde im Zuge dessen aufgelöst.[500] Das nach dem Sturz des Regimes entstandene Vakuum in Verwaltung und Politik in den Provinzen wurde übergangsweise von den Gewerkschaften

---

[491] vgl. Akrach/ von Mende 2011: 5

[492] vgl. Armbruster 2011: 66

[493] vgl. O'Donnell/ Schmitter 1986: 26/27

[494] vgl. Akrach/ von Mende 2011: 10

[495] vgl. Akrach/ von Mende 2011: 11

[496] Ebd.

[497] Verschiedene Quellen besagen, dass unter der Führung des Chefs der Präsidentengarde, Ali Seriati, dem Präsidenten Ben Ali ein erhöhtes Bedrohungspotenzial geschildert wurde, damit dieser sich schnellstmöglich ins Ausland absetzen würde und somit die interimsmäßige Übernahme der Amtsgeschäfte des Premiers Mohamed Ghannouchi verkündet werden konnte (u.a.Tagesspiegel 03.08.2012).

[498] vgl. Focus Online 27.02.2011

[499] Ebd.

[500] vgl. Fleischer 2014: 6

ausgefüllt.[501] Als Präsident der neuen Übergangsregierung wurde am 15. Januar 2011 Fouad Mebazaa, der ehemalige Bürgermeister von Tunis und Karthago, ernannt, dessen Aufgabe laut Verfassung darin bestand, innerhalb der nächsten 60 Tage eine Präsidentschaftswahl durchzuführen.[502] Der darauf folgende, weitgehend gewaltfreie Übergang zwischen den Regierungen kann als Errungenschaft des Transformationsprozesses betrachtet werden, da durch Verhandlungen eine Einigung erreicht wurde, die etwas Stabilität in den politischen Prozess brachte.[503] Damit in Einklang stehen die Forschungsergebnisse von Linz/Stepan,[504] die trotz aller ideologischen Differenzen bereits vor Ben Alis Sturz eine grundlegende Bereitschaft zur Kooperation zwischen den Lagern belegen konnten.

Syrien

Anders als in Tunesien ist das syrische Regime nicht gespalten; Die Elite ist geeint und regiert mit harter Hand das ihr noch verbliebene kleine Territorium Syriens. Sie setzt auf äußerste Repression, die Syrien in einen sich bereits im fünften Jahr befindenden Bürgerkrieg gestürzt hat. Die Säulen der Macht des syrischen Systems bestehen dabei aus den hohen alawitischen Offizieren, führenden Kadern der Baath-Partei, den Geheimdiensten sowie einigen Milliardären, die wissen, dass ihre Existenz von ihrer Einheit abhängt. Zusammen üben sie eine Art Mafiakontrolle über das ganze Land aus.[505] Sie sind brutal und nicht bereit etwas daran zu ändern, weshalb das Regime nicht fähig ist, aus sich selbst heraus einen anderen Weg einzuschlagen.[506] Die politische Macht und finanziellen Interessen sind dabei engmaschig miteinander verfilzt,[507] so dass strategisch wichtige Personen durch alle gesellschaftlichen, ethnischen und religiösen Konfliktlinien hindurch an das Regime kooptiert sind. Der Mafiaclan um die Familie Assad hat jedoch kein allzuständiges Oberhaupt, das verbindliche Vereinbarungen für die „ganze Mafia" treffen könnte.[508] Seit 2001 regiert Baschar al-Assad das Land mit harter Hand und steht an der Spitze des Regimes, doch er ist nicht das Regime, sondern verfügt lediglich über einen Teil der Macht und hat nicht alles unter Kontrolle wie vor ihm sein Vater Hafiz.[509]

Im Jahr 2000, als Baschar seinem Vater auf den Thron folgte, versprach er in seiner Antrittsrede, dass sich Vieles bessern würde.[510] Daraufhin initiierte er den kurzen „Damaszener Frühling": Er

---

[501] vgl. Akrach/ von Mende 2011:12
[502] vgl. Fleischer 2014: 6
[503] vgl. Zayed 2015: 1
[504] vgl. Linz/Stepan 2013: 23
[505] vgl. Pott 2012: 165
[506] vgl. Pott 2012: 164
[507] vgl. Armbruster 2011: 106
[508] vgl. Pott 2012: 165
[509] vgl. Pott 2012: 163
[510] vgl. Armbruster 2011: 102

ermunterte politische Debattierklubs kontrovers über die Zukunft des Landes zu diskutieren.[511] Für Syrien begann eine wahrhaftig neue Zeit, jedoch von kurzer Dauer. Denn Baschar war umgeben von denselben mächtigen Männern in Armee und Geheimdienst, die bereits seinem Vater gedient hatten.[512] Diese alte Garde um den Präsidenten wollte die Reformen mit aller Macht verhindern, da sie um ihre Ämter und Privilegien fürchtete.[513] Schließlich kam es in der ersten Phase der Liberalisierung auch schnell zu wachsenden Forderungen der Bevölkerung, die weitere Rechte und eine umfassendere politische Beteiligung einforderte. Dies schürte die Existenzängste der alten Elite noch mehr. Der Liberalisierungsprozess wurde durch massive Repression des alten autoritären Regimes im Februar 2001 annulliert. Die Hoffnung auf schnelle, radikale Reformen wurden somit im Keim erstickt. Der Kampf zwischen dem damaligen „Softliner" Baschar und der alten Garde der „Hardliner" wurde zugunsten der etablierten regierenden Elite entschieden. Als Baschar zudem deutlich bewusst wurde, dass seine Positionierung als Liberalisierer seine eigene, teils durch seinen Vater „vererbte", teils durch die etablierte korrupte politische Elite gewährte, Legitimitätsbasis bedrohte, führte das in der Konsequenz dazu, dass sich aus der anfänglichen Spaltungstendenz innerhalb der politischen Führung eine bis auf Gedeih und Verderb geeinte „Hardliner"-Elite herausentwickelte.[514]

Diese politische Vorerfahrung beeinflusste zu einem Großteil die gewählte Handlungsstrategie der politischen Garde um Präsident Assad als am 15. März 2011 erstmalig die Unruhen ausbrachen. Das Regime wusste genau, dass es mit eiserner Hand durchgreifen müsse, um den Aufstand im Keim zu ersticken. Die Machthaber in Syrien hatten in den Wochen vor dem Ausbruch der syrischen Revolution die weltweit übertragenden Revolten auf ihren Fernsehschirmen quasi live miterleben können und genauestens analysiert. Das half dem Clan um Assad die Auswirkungen im Detail zu verfolgen und sich militärisch auf die Krise vorzubereiten. Dementsprechend ließ das Regime keine Beobachter ins Land und sperrte Syrien für die Weltpresse.[515] Das Internet, das unter Baschar eine enorme Ausbreitung im Land erfahren hatte, doch aufgrund der Geschwindigkeit und Nutzerzahl im Jahr 201[516] mit Bezug auf die Vernetzungskapazität nur von geringer Bedeutung war, wurde zeitweise abgestellt.[517] Der Ansteckungseffekt der regionalen Wellen, den Huntington im Zeitalter der intensiveren internationalen Kommunikation als veritablen „Verstärkungseffekt" hervorgehoben hatte,[518]

---

[511] vgl. Armbruster 2011: 102
[512] vgl. Armbruster 2011: 103
[513] vgl. Armbruster 2011: 104
[514] vgl. BTI Syria 2014: 30
[515] vgl. Armbruster 2011: 96
[516] vgl. Akrach/ von Mende 2011: 74
[517] vgl. BTI Syria 2014: 8
[518] vgl. Merkel 1998: 61

bewirkte in Syrien folglich zweierlei: Einerseits ermutigten die Ereignisse in Tunesien, Ägypten und Libyen erst die Widerstandsbewegung in Syrien. Andererseits halfen sie dem Regime um Präsident Assad eine gezielte Strategie der Eindämmung des Aufstandes zu entwickeln.

Nach Revolutionsausbruch lavierte die syrische Regierung dann zwischen Nachgeben und Repression.[519] Es wurden Amtsträger bis hin zu Gouverneuren abgesetzt, Kommissionen gebildet und Amnestien verkündet; Der seit 1963 geltende Ausnahmezustand wurde aufgehoben, ein Mehrparteiensystem wurde eingerichtet, im Februar 2012 trat eine neue Verfassung in Kraft und am 7. Mai 2012 erfolgten Parlamentswahlen.[520] Doch die politischen Reformen, die Assad seiner Bevölkerung offerierte, gingen weder auf die konkreten Forderungen der Opposition ein, noch war er bemüht eine politische Strategie zur Lösung des Konfliktes zu entwickeln. Denn Assad weiß, dass ein friedlicher Übergang zu einem demokratischen System in Syrien nur durch tief greifende Reformen denkbar ist, doch dafür müsste der Assad-Clan seine Herrschaft gewissermaßen selbst in Frage stellen.[521] Die Erfahrungen aus dem Jahr 2000 haben jedoch gezeigt, dass das undenkbar ist, da die alte Elite in einem Fortgang der Transition eine reale Bedrohung der bestehenden Besitzverhältnisse, ihrer Privilegien, der territorialen Integrität des syrischen Nationalstaates bis hin zu ihrer physischen Existenz befürchtet. Damit im Einklang steht nach O'Donnell/ Schmitter die Theorie,[522] dass umso größer das wahrgenommene Bedrohungspotenzial und die Mobilisierung der Opposition sind, als desto notwendiger es die alten Eliten erachten werden, ausgeweitete systematische Repression gegen die Opponenten einzusetzen. Gelingen tut dem syrischen Regime die Unterdrückung der aufständischen Bevölkerung natürlich nur, weil es auf die absolute Loyalität und den Zusammenhalt seiner Streitkräfte bauen kann. Denn deren Überleben ist wiederum an die Einheit des syrischen Systems gekoppelt bzw. als eine der staatlichen Säulen der Macht inkarnieren sie quasi das System selbst. Das erklärt, warum Assad den Aufstand von Anfang an als schiere Sicherheitsbedrohung titulierte und das Angstbild eines drohenden ethnisch-konfessionellen Bürgerkrieges zeichnete, wobei er darauf beharrte, dass eine politische Liberalisierung in Syrien nur zum Machtgewinn fundamentalistischer Islamisten führen würde.[523] Assads gewählte Handlungsstrategie bestand im Einklang mit dieser Lageeinschätzung aus der weiteren Fragmentierung und Diskreditierung der Opposition, begrenzten Reformversprechen bei fortgesetzter gewaltsamer Repression sowie der Instrumentalisierung der Ängste religiöser

---

76

Minderheiten vor einem Machtwechsel.[524] Die Nutzung und Förderung von Differenzen innerhalb der Aufständischen[525] sowie die dadurch beschleunigte konfessionelle und geostrategische Instrumentalisierung und Internationalisierung des Krieges halfen dem Regime, einen potenziellen offiziellen internationalen Eingriff in Syrien abzuwenden. Die im Laufe der Transition neu freigesetzten Kräfte und Antagonismen haben mit großer Wahrscheinlichkeit entscheidend dazu beigetragen, dass sich das Regime bis heute - mit bedeutendem territorialem, zivilem und militärischem Verlust - an der Macht halten konnte.

5.2.2) Politischer Akteur: Opposition

<u>Tunesien</u>

Nach der gelungenen Vorbereitung der Wahlen durch die Übergangsregierung aus der Zeit des Ancien Régime folgten im Oktober 2011 freie und friedliche Wahlen für die verfassungsgebende Nationalversammlung, die eine Zäsur in der tunesischen Geschichte darstellten.[526] Bei diesen Wahlen am 23. Oktober 2011 wurden dann vor allem Parteien[527] und Persönlichkeiten gewählt, die eine wirkliche Alternative zum bisherigen Regime darstellten, die bereits eine politische Vergangenheit als Oppositionsanhänger unter Ben Ali vorweisen konnten und das größte Leid unter dem omnipräsenten Militär- und Polizeistaat erlitten hatten.[528] Demzufolge sympathisierte ein Großteil der Bevölkerung mit den „Islamisten", obwohl sie ihre Weltanschauung nicht unbedingt teilten, wohl aber fest davon ausgingen, dass diese eine „Politik aus islamischer Verantwortung" machen würden.[529] Die neue Regierung wurde daher mit 41% der Stimmen von den Islamisten dominiert, die aber dennoch die säkularen Kräfte brauchten, um eine neue politische Ordnung für Tunesien aufbauen zu können.[530] Allein wären sie im Verfassungsrat nicht mehrheitsfähig gewesen. Nach den Wahlen formte die Ennahda-Partei mit der CPR-Partei, die die zweitstärkste Kraft war, sowie mit der Ettakatol-Partei eine Koalition, die auch als „Troika" bezeichnet wurde.[531] Diese hatte jedoch seit Beginn ihrer Regierungszeit große Probleme; Das nicht nur wegen ihrer Unerfahrenheit, sondern insbesondere, weil die schwierige politische Umbruchsphase von sozialen und wirtschaftlichen Problemen überschattet wurde und die Troika keine Alternative für das neoliberale Wirtschaftssystem finden konnte.[532] Zudem

---

[524] *vgl. AlDailami/ Pabst 2014: 98*
[525] *Ebd.*
[526] *vgl. Zayed 2015: 1*
[527] *Politische Parteien, mit Ausnahme der Ennahda-Bewegung, spielten keine ausschlaggebende Rolle während der tunesischen Revolution, sondern wurden erst nach dieser aktiv. Die politischen Parteien nahmen zunächst nur indirekt an den Demonstrationen teil, da viele Aktivisten unter ihnen verhaftet wurden (vgl. Akrach/ Von Mende 2011:10).*
[528] *vgl. Fleischer 2014: 7*
[529] *vgl. AlDailami/ Pabst 2014: 167*
[530] *vgl. Pott 2012: 124*
[531] *vgl. Fleischer 2014: 7*
[532] *vgl. Fleischer 2014: 8*

entpuppten sich die als übermächtig angesehenen Islamisten als nicht konsensfähige Führung innerhalb der Koalition.[533] In der Folge konnte die Troika ihre Versprechen der Revolution nicht einlösen, weshalb der Unmut in der Bevölkerung erneut wuchs. Dabei kam es immer wieder zu Anschuldigungen, besonders gegen Ennahda, wegen doppelzüngigen Aussagen und einer angeblichen Vereinnahmung durch salafistische Kräfte.[534] Die Proteste der Straße zwangen die rechtmäßig gewählte islamistische Ennahdha-Regierung schließlich im März 2013 zur Übergabe der Regierungsverantwortung an die Technokratenregierung des Parteilosen Mehdi Jomaa.[535] Ennahda wurde folglich für die Nicht-Einlösung ihrer Wahlversprechen von der Bevölkerung abgestraft, doch anders als in Ägypten wurde eine politische Einigung, ohne äußeres Eingreifen durch das Militär oder andere Akteure, erreicht.[536]

Während des Schreibens des neuen Verfassungstextes kam es dann abermals zum Eklat, da die Ennahdha-Partei, die zukünftige Rolle des Islam im postrevolutionären Tunesien zur Disposition stellte. Dank der Vermittlerrolle des tunesischen Gewerkschaftsbundes konnte im Rahmen eines nationalen Dialogs die politische Krise abgewendet und sowohl die Ausarbeitung der Verfassung als auch die Vorbereitung der kommenden Wahlen vorangetrieben werden.[537] Die Verfassung zeigt, dass Kompromisse beim Streitthema Religion zwischen den Positionen der säkularen und islamistischen Kräfte gefunden werden mussten, weshalb sie an einigen Stellen widersprüchlich ist. An den zuvor vorgelegten Entwürfen entzündeten sich hitzige Debatten, vor allem im Hinblick auf die Stellung der Frau sowie die Festschreibung der Scharia als eine Quelle der Rechtsgrundlage.[538] Aufgrund dieser Kontroverse ist es wichtig der islamistischen Ennahda-Partei anzurechnen, dass sie sich im Prozess der Konsensbildung als moderate Kraft herausgestellt hat. So bekämpfte die Partei zum einen offen die radikalen Kräfte ihrer Strömung, d.h. die Salafisten,[539] zum anderen ist Ennahda die erste islamistische Partei der Welt, die zugestimmt hat, jeglichen Bezug zur Scharia aus der Verfassung zu entfernen.[540] Dieser Kompromiss mit der Opposition, die immer wieder genau die Religiosität der Partei zum Anlass für Misstrauen genommen hatte, muss als einzigartig bewertet werden.[541]

So verabschiedete Tunesien drei Jahre nach dem Sturz des tunesischen Präsidenten Ben Ali nach langem politischen Dialog am 26. Januar 2014 die Verfassung der zweiten Republik. Dieser Schritt stellt einen Meilenstein auf dem Weg zu einer demokratischeren Zukunft des Landes dar.

Anschließend erlebte das Land einen regelrechten Wahlmarathon: Die Parlamentswahlen fanden am 26. Oktober 2014 statt, danach folgte die erste Runde der Präsidentschaftswahlen am 23. November 2014; Bei der Stichwahl am 21. Dezember 2014 gewann schließlich der 88-jährige Politiker Beji Caid Essebsi mit 55,6% aller Stimmen.[542]

Die Vertrauenskrise, die Tunesien während der zweiten Hälfte der Übergangsregierung erlitt, muss auf diverse Fehler dieser Regierung zurückgeführt werden, wie u.a. die verspätete Verabschiedung einer neuen Verfassung, die sich verschlechternden ökonomischen Bedingungen, die soziale Krise und die Eskalation politischer Gewalt.[543] Dennoch muss der nach zeitweiliger Stagnation einsetzende Erfolg der Übergangsregierung, einen Konsens mit den wichtigsten Schlüsselakteuren der politischen Parteien, Gewerkschaften und der Zivilgesellschaft zu suchen,[544] und dabei nicht auf ihre Maximalforderungen zu bestehen, als eine der größten Errungenschaft des politischen Wechselprozesses in Tunesien angesehen werden. Dem im eigenen islamistischen Lager hart erkämpften Kompromiss von Rachid al-Ghannouchi, dessen gesellschaftlicher Einfluss als Repräsentant der (gemäßigten) Islamisten von enormer Relevanz ist, muss neben der überragenden Vermittlerrolle der Gewerkschaft UGTT eine bedeutende Schlüsselposition im friedlichen Übergangsprozess Tunesiens zugeschrieben werden.

Syrien

Die syrischen Geheimdienste arbeiten noch effektiver als die ägyptischen und tunesischen zusammen, was bedeutet, dass jegliches Bedrohungspotenzial repressiv ausgeschalten wurde: die gesamte politische Opposition saß in syrischen Gefängnissen ein und das Internet wurde aggressiv kontrolliert.[545] Dementsprechend gab es vor Ausbruch der Revolution keine breite, vernetzte politische Oppositionsbewegung im Land. Vielmehr war diese, von Beginn des Aufstandes an, durch eine extreme Heterogenität der oppositionellen Gruppen gekennzeichnet, die sich in ihren Zielen, Vorgehensweisen, Akteuren und Wirkungsgrad deutlich voneinander unterscheiden und teilweise in Konkurrenz stehen.[546]

Von einer homogenen syrischen Protestbewegung kann weder im Inland noch im Ausland gesprochen werden.[547] Von Anfang an trat eine in sich zerstückelte Gruppierung für umfassende politische Reformen ein, während die andere auf den Sturz des Assad Regimes bestand.[548] Die Spaltung vertiefte sich vielmehr noch weiter, als sich ein Teil der Opposition bewaffnete und

---

[542] vgl. Zayed 2014: 3
[543] vgl. BTI Tunisia 2014: 42
[544] vgl. BTI Tunisia 2014: 34
[545] vgl. Armbruster 2011: 94
[546] vgl. Rieper 2011: 78
[547] vgl. Rieper 2011: 79
[548] vgl. Pott 2012: 178

eine militärische Intervention des Auslands forderte.[549] Die Rebellen in Syrien verbitten sich wiederum jede Einmischung des „Syrischen Nationalrates" (SNC), da diese Exilopposition, die den vom Westen legitimierten Vertreter des syrischen Volkes stellt, von vielen Syrern gar nicht anerkannt wird.[550] Doch die interne syrische Opposition ist allein sehr schwach.[551] Als charakteristisch für den syrischen Widerstand kann daher seine von Anbeginn vorherrschende Dezentralität[552] und die unzureichende Vernetzung von Aktivisten bezeichnet werden. Gleiches gilt für die Kämpfer. Nachdem eine Gruppe von Deserteuren Ende Juli 2011 im türkischen Exil die „Freie Syrische Armee" (FSA) gründete, schlossen sich dieser alsbald weitere Überläufer und Zivilisten an.[553] Der anfänglich lose Zusammenschluss unterschiedlichster Rebellengruppen gewann zunehmend an Struktur, dennoch verfügen auch die Rebellen bis heute über keine effektive zentralisierte Befehlshierarchie und eine beträchtliche Zahl der islamistisch geprägten Brigaden verweigern sich der FSA zu unterstellen.[554] Mehrfache Versuche, zumindest den militärischen Körper des Widerstands zu vereinheitlichen, sind fehlgeschlagen.[555] Zudem war die FSA von Beginn an dem Dilemma ausgesetzt, dass sie aufgrund der schlechten militärischen Ausrüstung und mangelnder internationaler Unterstützung nicht auf die Professionalität der Djihadisten im Kampf gegen das Regime verzichten konnte, sich jedoch ideologisch nicht von ihnen vereinnahmen lassen wollte.[556] Doch es ist zu Überläufen gekommen. Das ist nicht nur der besseren Unterstützung der djihadistischen Kämpfer geschuldet, zudem bietet der religiöse Gottesstaat, den der IS propagiert, ein einfacher fassbares Weltbild und eine reale Alternative zu der abstrakten Vorstellung der Demokratie und dem Unterdrückungsregime Assads. Aber auch zwischen der FSA und diversen Djihadistengruppen, insbesondere der Dschabat al-Nusra, einem Ableger der irakischen al-Qaida, existieren blutige Kämpfe.[557] In vielen der befreiten Städte und Dörfer Syriens haben nun die „Lokalen Koordinationskomitees" (LCC) versucht, die Lücke der Regierungsinstitutionen zu schließen, doch die territoriale Spaltung sowie die unzureichende Vernetzung und Koordinierung der syrischen Kämpfer und Aktivisten hat der Errichtung einer größeren administrativen Einheit des syrischen Widerstands vorgebeugt.[558] Einzig der IS weitet kontinuierlich das Territorium seines Kalifats auf syrischem Boden aus.[559]

Die syrische Opposition hat es bis heute nicht geschafft, eine politische Gegenbewegung mit

---

[549] vgl. Pott 2012: 178
[550] vgl. Armbruster 2013: 73
[551] Ebd.
[552] vgl. Asseburg 2013: 13
[553] Ebd.
[554] vgl. Asseburg 2013: 15
[555] vgl. Huda 2013: 17/18
[556] vgl. Hanelt/ Helberg 2013: 3
[557] vgl. Armbruster 2013: 99
[558] vgl. BTI Syria 2014: 6
[559] Das ist seiner erfolgreichen Propaganda, die er aufgrund ausgezeichneter sozialer Vernetzung erzielt, dem daraus resultierendem stetigen Zulauf neuer Djihadisten, dem Geldfluss aus dem Ausland sowie seiner effektiven Koordinierung zuzuschreiben (vgl. Time 15.06.2015).

gemeinsamer Strategie für den Kampf gegen das Assad-Regime zu organisieren. Einen nationalen politischen Dialog, in dem Regime und Opposition auf ihre maximalen Forderungen verzichten, d.h. ein Bekenntnis der politischen Opposition auf den Sturz des Regimes zu verzichten sowie das Bekenntnis des Clans um Assad,[560] die brutale staatliche Repression einzustellen, hat es in Syrien nie gegeben. Selbst die großen Organisationen wie das „Nationale Koordinationskomitee für Demokratischen Wandel" (NCC) und der „Syrische Nationalrat" (SNC) waren unfähig, eine identitätsstiftende politische Zukunftsvision zu entwickeln.[561]

5.2.3)   Sicherheitskräfte

Tunesien

Die tunesische Armee hat unter Ben Ali weder eine politische Rolle gespielt noch ein hohes Ansehen genossen.[562] Der Verteidigungsetat war einer der niedrigsten in der arabischen Welt und niemand hatte Vertrauen in Tunesiens Armee: weder das Regime noch das Volk.[563] Ben Ali stützte seine Macht dahingegen auf die gut bewaffneten und glänzend dotierten Sicherheitskräfte der Polizei und der Geheimdienste und verantwortete diesen, die für die Aufrechterhaltung seiner Herrschaft massiv notwendige Repression: So standen 35.000 Soldaten rund 120.000 bis 150.000 zivilen und uniformierten Mitgliedern dieses Sicherheitsapparates, d.h. Ben Alis Präsidentengarde, gegenüber.[564] Die damit verbundene Professionalisierung und Depolitisierung des Militärs erschien lange funktional, als es allerdings zu den Massendemonstrationen in Tunesien kam, verfügte das tunesische Regime nicht über eine auf Gedeih und Verderb ans Regime gekoppelte Armee, die bereit war auf jedwede Art Demonstranten zu töten wie befohlen.[565] Der Oberkommandierende der Streitkräfte verweigerte sich in der Stunde der höchsten Not des Präsidenten, den Befehl zu dessen Verteidigung zu geben und optierte dafür, die Demonstranten zu schützen.[566] Er wandte sich vom Regime ab und forcierte einen unblutigen Seitenwechsel der Armee.[567] Damit hat sich das Militär bei dem langen Marsch Richtung Demokratie unentbehrlich gemacht.[568] Aufgrund der Unzuverlässigkeit der Polizei übernahm die Armee im weiteren Verlauf der Revolution zudem auch teilweise deren Aufgaben.[569] Dementsprechend ist das Militär aus der Krise eindeutig als einer der Gewinner hervorgegangen,

---

[560] *Assads Regime hat sich nie auf verhandelbare Forderungen eingelassen, sondern ausschließlich auf Gewalt gesetzt (Armbruster 2011: 223).*
[561] *vgl. Jäger/ Tophoven 2013: 24*
[562] *vgl. Akrach/ von Mende 2011:10*
[563] *vgl. Armbruster 2011: 67*
[564] *vgl. Akrach/ von Mende 2011: 10, vgl. Armbruster 2011: 67*
[565] *vgl. Beck 2013: 655*
[566] *vgl. Armbruster 2011: 67*
[567] *Ebd.*
[568] *vgl. Armbruster 2011: 68*
[569] *Ebd.*

wobei ihm Macht zugewachsen ist, die es in dieser Form nie zuvor gehabt hat.[570]

Im Einklang mit den Forschungsergebnissen von O'Donnell/ Schmitter[571] und Huntington[572] ist das Militär die ultimative Stütze des Regimes, dessen Zusammenhalt und Loyalität zum Machthaber im Moment der größten Bedrohung des Regimes über Erfolg oder Niederlage entscheiden. Da das Militär in Tunesien unpolitisch und unprivilegiert war, fürchtete es durch den Regimesturz keinen Verlust persönlicher Privilegien oder gar eine Bedrohung seiner bestehenden Existenz. Nebst einer heimlichen Sympathie mit den Demonstranten[573] konnte ein Seitenwechsel der Armee in Tunesien den Soldaten nur Vorteile für die eigene Zunft und die eigene Zukunft bringen,[574] weshalb sie Ben Ali ihre Unterstützung versagten. Damit entschied das Militär über den erfolgreichen Verlauf der tunesischen Revolution und katapultierte zur entscheidenden Kraft des politischen Wechselprozesses in Tunesien. Dieses Prinzip der Nichteinmischung in politische Angelegenheiten, was auch im weiteren Verlauf des Transitionsprozesses vom Militär beibehalten wurde, hat ferner dazu beigetragen, dass der noch am Anfang stehende demokratische Konsolidierungsprozess Tunesiens relativ friedlich verläuft.

<u>Syrien</u>

Die Angehörigen des syrischen Sicherheitsapparats[575] wandten vom ersten Tag der Proteste exzessive Gewalt gegen die Demonstranten an. Doch erst zur Jahresmitte 2011 verschärfte die Regierung um Präsident Assad offiziell ihren Kampf gegen die sich nun ebenfalls bewaffnende Protestbewegung und beschloss folgende „Sicherheitslösung": Erst müssten die „Terroristen" besiegt werden, dann könnten Verhandlungen mit Oppositionellen erfolgen.[576] Die Regierung setzt zur Verteidigung ihrer Macht seither auf folgende Strategie: Niederschlagung des Aufstands unter Einsatz massiver Gewalt sowie eine Allianz mit externen Akteuren.[577] Die syrische Armee, der Geheimdienst und die vom Regime eingesetzte Shabia-Miliz gelten dabei als Stütze und Einheit des syrischen Regimes. Auch heute noch sind viele der Offiziere in den syrischen Streitkräften Alawiten, ebenso sind Schlüsselpositionen in den Geheimdiensten mit Angehörigen dieser Religionsgruppe besetzt.[578] In Syrien war daher keineswegs zu erwarten, dass die Generäle die Seite wechseln würden. Militär und Geheimdienste stellen eine zu bedeutende Säule der Macht und eine Transition wird, analog zur Regierung um Präsident Assad, als eine Bedrohung ihrer bestehenden Existenz wahrgenommen. Das Militär ist

---

[570] *vgl. Armbruster 2011: 68*
[571] *vgl. O'Donnell/ Schmitter 1986: 26/27*
[572] *vgl. Huntington 1991: 144/145*
[573] *vgl. Scholl-Latour 2011: 20*
[574] *vgl. Armbruster 2011: 86/87*
[575] *Teile des Sicherheitsapparates haben von Anfang an auf Repression gesetzt und dabei ggf. Vorgaben der Regierung gezielt unterlaufen (vgl. AlDailami/ Pabst 2014: 97).*
[576] *vgl. AlDailami/ Pabst 2014: 97*
[577] *Ebd.*
[578] *vgl. Armbruster 2011: 107*

hochgradig politisiert. Der Verlust von Privilegien bis hin zu Ängsten um ihr physisches Überleben sind eine Triebfeder, die das brutale Durchgreifen der Sicherheitskräfte gegen die Demonstranten erklärt.[579] Dabei greift das Regime auf eine altbewährte Strategie zurück und setzt ausschließlich auf Gewalt statt echte Reformen.

Ein Seitenwechsel der Streitkräfte wäre auch in Syrien eine notwendige Voraussetzung für einen Regimewechsel gewesen, doch die Generäle stellten sich von Beginn an gegen den Aufstand. Dadurch wurden sie zu den entscheidenden Akteuren für die Sicherung der Herrschaft um Präsident Assad und trugen wesentlich zum Misserfolg der syrischen Revolution bei.

5.2.4) Zivilgesellschaft

<u>Tunesien</u>

Der Ausbruch der Proteste in Tunesien muss zwei gesellschaftlichen Gruppen zugeschrieben werden: Zum einen riefen gebildete Jugendliche über soziale Netzwerke in den urbanen Zentren zu Kundgebungen für mehr Freiheit und gegen staatliche Willkür auf, zum anderen starteten die Kundgebungen an der Peripherie Tunesiens bei den sozial und regional diskriminierten Gruppen.[580] Die Demonstranten organisierten sich dabei über das Internet. Diese schnelle soziale und regionale Vernetzung ermöglichte erst die Koordinierung und Organisation der Proteste und trug ungemein zur regionalen Ausweitung bei. Dadurch kamen alsbald andere Akteure, insbesondere aus der gehobenen Mittelschicht hinzu.[581] Damit bekam die Volkserhebung, die sich anfangs aufgrund der sozialen Spannungen unter den Jugendlichen sowie der Benachteiligung der Landbevölkerung entlud, eine stärkere politische Dimension.[582] Doch auch die Repression des Regimes in Form von Verhaftungen und dem gewaltsamem Vorgehen der Polizei gegen Demonstranten beschleunigte die Politisierung des Aufstands.[583] Die tunesische Protestbewegung umspannte bald nicht nur die Regionen, sondern umfasste auch in ihrer sozialen Zusammensetzung alle sozialen Schichten[584] und unterschiedlichste Gruppen, darunter die Jugend, Vereine, politische Kräfte, Institutionen und Gewerkschaften. Der Gewerkschaftsverband UGTT muss dabei zu einem der wichtigsten zivilen Akteure der Revolution gezählt werden.[585] Er hatte seit seiner Gründung im Jahr 1946 bereits mehrmals eine entscheidende Rolle bei gesellschaftlichen Unruhen gespielt[586] und war auch im Verlauf der

---

[579] *vgl. Armbruster 2011: 107*
[580] *vgl. Rosiny 2011: 4*
[581] *vgl. Akrach/ von Mende 2011: 10*
[582] *Ebd.*
[583] *Ebd.*
[584] *vgl. Rosiny 2011: 2*
[585] *vgl. Akrach/ von Mende 2011: 10*
[586] *Ebd.*

Revolution im Jahr 2011 eine treibende Kraft während der Proteste gewesen. Insbesondere die lokalen und regionalen Sektionen der UGTT trugen viel zur Verbreitung des Aufstandes bei.[587] Die Stärke des politischen Aktivismus und das Ausmaß der sozialen Mobilisierung in Tunesien führten schließlich, für viele überraschend und innerhalb kürzester Zeit, zum Sturz des Regimes.[588] Auch die anschließende Transitionsbewegung verlief in Tunesien sehr heterogen: Die verschiedenen politischen und gesellschaftlichen Gruppen haben eine hohe Kompromissbereitschaft gezeigt. Es wurden zahlreiche neue Gewerkschaften, Vereine und politische Parteien gebildet.[589]

In Tunesien haben der Überraschungseffekt sowie die Spontaneität des Aufstandes die verschiedenen gesellschaftlichen Akteure als *ein* Volk verbunden und zur kurzzeitigen Starre und Ratlosigkeit des alten Regimes geführt, was einen großen Einfluss auf den weiteren Verlauf der Transition gehabt hat. Die „Geeintheit" der Protestbewegung sowie die schichtübergreifende Umspannung der gesellschaftlichen Masse, insbesondere der einflussreichen breiten Mittelschicht, waren nicht nur identitätsstiftend, sondern haben wesentlich zum friedlichen Ausgang der Revolution beigetragen.

<u>Syrien</u>

Der Ausbruch der Proteste begann zunächst an der Peripherie Syriens bei den sozial, konfessionell, ethnisch oder regional diskriminierten Gruppen[590] und weitete sich dann auf mehr Städte aus. Die Demonstranten stammten dabei größtenteils aus den ländlichen und über lange Zeit vernachlässigten syrischen Armutsprovinzen, der besser verdienende, urbane Mittelstand in der Hauptstadt Damaskus und der Handelshochburg Aleppo blieb größtenteils zu Hause.[591] Die Bevölkerung in Syrien revoltierte daher nie als Ganzes: Die Minderheiten haben Angst und fürchten die Machtalternative der militanten Islamisten, andere Minderheiten sind mit dem Regime verbündet, die Angehörigen des staatlichen Repressionsapparates fürchten den Verlust ihres Einflussbereiches nach dem Sturz Assads, zudem stehen viele der sunnitischen Kaufleute in den Großstädten nicht auf der Seite der Rebellen, da sie seit Jahren von ihrer Kooperation mit dem Regime profitieren.[592] Die demonstrierende Opposition in Syrien war zudem von Beginn an ohne gemeinsame Führung, zersplittert und damit leicht ausschaltbar.[593] Konkrete Protestgruppen waren nie klar zu benennen, da sich in Syrien aufgrund des repressiven

---

[587] vgl. *Akrach/ von Mende 2011: 10*

[588] vgl. *Akrach/ von Mende 2011: 6*

[589] vgl. *Akrach/ von Mende 2011: 14*

[590] vgl. *Rosiny 2011: 4*

[591] vgl. *Armbruster 2011: 109*

[592] vgl. *Pott 2012: 164*

[593] vgl. *Armbruster 2011: 224*

Sicherheitsapparates kaum Organisationen herausbilden konnten.[594] Weiterhin mangelte es dem Aufstand an der nötigen Koordinierung: Die rasche Vernetzung und Ausbreitung der Proteste über die sozialen Medien, wie es in Tunesien der Fall war, kam in Syrien kaum zum Tragen. Nachdem der syrische Aufstand mit friedlichen Protesten begonnen hatte, reagierte der staatliche Sicherheitsapparat mit sofortiger Unterdrückung durch eiserne Gewaltanwendung, weshalb aus dem friedlichen Zorn der Demonstranten schnell gewaltbereiter Hass wurde.[595] Das rücksichtslose und brutale Vorgehen des Sicherheitsapparates wurde von einer desillusionierenden Rede und vorgebrachten Verschwörungstheorien von Präsident Assad begleitet, wodurch die Hoffnungen auf einen graduellen Wandel des Systems rapide schwanden, ebenso das Wohlwollen in seine Person.[596] Danach intensivierten sich die Proteste und Auseinandersetzungen mit dem Staatsapparat zusehends, die Lage geriet außer Kontrolle.[597]

Die ungerechte Verteilung der Ressourcen hat in Syrien in spezifischer Weise die Legitimität und Leistungsfähigkeit des autoritären Systems in den Augen bestimmter Gesellschaftsmitglieder erhöht, da es diese strategischen Gruppen privilegiert und vereint, während die Benachteiligten nur eine große diffuse Gruppe bilden, der es schwer fällt, sich im syrischen Polizeistaat gegen den systemischen Charakter der Diskriminierung zu wehren. Dieser unterdrückten Gruppe ist es auch während des Aufstands nicht gelungen, die hohen Hürden der Organisation ihres Interesses zu überwinden und ihre Schwäche in Stärke umzuwandeln, d.h. ihre Masse. Die syrische Gesellschaft bleibt in ihrer Unterstützung der Revolution entlang politischer, religiöser und ethnischer Konfliktlinien gespalten.[598] Doch ohne den Zuspruch der vom Regime profitierenden Akteure wie der alawitischen Minderheit und insbesondere der wichtigen urbanen Mittelschicht, hat(te) die syrische Revolution keine Aussicht auf Erfolg. Einen starken politischen Aktivismus und eine mobilisierte Massenbewegung, d.h. eine von der breiten Mittelschicht getragene, schicht- und regionenübergreifende Bewegung, der O'Donnell/ Schmitter[599] eine zentrale Rolle über die finale Richtung des Transitionsprozesses zuschreiben, hat es in Syrien nicht gegeben. Zudem gab es keine sichtbaren einflussreichen Gruppen wie Nichtregierungsorganisationen, Vereine, Institutionen oder Gewerkschaften, die die Führung, Organisation bzw. Koordination der Proteste übernommen haben. Die bürgerliche Zivilgesellschaft ist in Syrien sehr schwach ausgeprägt.

---

[594] *vgl. Rieper 2011: 78*
[595] *vgl. Armbruster 2011: 100*
[596] *vgl. Rieper 2011: 81*
[597] *vgl. Pott 2012: 176*
[598] *vgl. BTI Syria 2014: 2*
[599] *vgl. O'Donnell/ Schmitter 1986: 56*

5.2.5)   Externe Akteure: Strategische Partnerschaften

<u>Tunesien</u>

Während die EU nach Ausbruch der tunesischen Proteste eine zuerst zögerliche Haltung zur Revolte in Tunesien einnahm, positionierte sich Frankreich[600] sofort und offiziell auf Seiten Ben Alis und offerierte diesem Unterstützung. Als ehemaliges französisches Protektorat hat Tunesien historisch bedingt eine starke Bindung zu Frankreich, dessen Einfluss im Land bis heute von Bedeutung ist. So galt die französische Vormachtstellung in Tunesien unter Ben Ali als abgesichert: rund 90% der ausländischen Direktinvestitionen im Jahr 2010 waren Frankreich zu zuschreiben.[601] Dem damaligen Staatspräsidenten Nicolas Sarkozy ging es dementsprechend darum, die Herrschaft Ben Alis zu sichern, um die französischen Interessen im Land zu schützen. Doch durch den Sturz des Diktators verlor Frankreich seine Dominanz in Tunesien und fiel kurzzeitig in Ungnade bei der tunesischen Bevölkerung.[602] Die anderen Großmächte positionierten sich hingegen nach dem Regimewechsel schnell auf Seiten der neuen Übergangsregierung und konkurrierten um ihre neue Machtstellung im Land.[603] Insbesondere die USA, die vor der Revolution so gut wie keinen Einfluss in Tunesien hatte, bot der Ennahda-Partei, die als Siegerin der Wahlen im Oktober 2011 hervorgegangen war, ihre Unterstützung an.[604] Die islamistische Ennahda wird zudem von den Golfstaaten finanziell ausgestattet, insbesondere von Katar, womit auch die Staaten am Persischen Golf versuchen ihren Einfluss auf die Entwicklung Tunesiens zu vergrößern.[605]

Nach O'Donnell/ Schmitter,[606] wird der Demokratisierungsprozess eines autoritären Regimes durch die Mobilisierung und Organisation einer großen Zahl von Individuen vorangetrieben, was die Rolle externer Faktoren schwächt. Ungeachtet dessen kommen im Laufe eines Transitionsprozesses auch bedeutende externe Akteursgruppen- und konstellationen hinzu, die mit ihren Handlungen die Einstellungen und Stärkeverhältnisse der internen Akteure beeinflussen. Auch in Tunesien war dieser ausländische Einfluss gegeben. Doch er war weder massiv noch entscheidend.[607] Das liegt u.a. daran, dass der kleine Staat am Mittelmeer geostrategisch nicht sehr bedeutend ist und die starke interne Massenmobilisierung, der Überraschungseffekt und die Schnelligkeit des Sturzes von Ben Ali, die Reaktionsbereitschaft und das Einwirken externer Akteure deutlich minimiert haben. Einzig Frankreich sah in dem

---

[600] vgl. The Guardian 24.01.2011
[601] vgl. Today's Zaman 06.11.2011
[602] vgl. The Guardian 24.01.2011
[603] vgl. Today's Zaman 06.11.2011
[604] Ebd.
[605] vgl. BTI Tunisa 2014: 14
[606] vgl. O'Donnell/ Schmitter 1986: 18
[607] vgl. Ruf 2015: 20

politischen Machtwechsel in Tunesien eine reale Bedrohung, nämlich den Verlust seiner Vormachtstellung im Land. Als EU-Mitglied konnte es jedoch nur wenig Einfluss auf den Machterhalt Ben Alis nehmen, um sein öffentliches Ansehen nicht zu ruinieren.

Syrien

Der syrische Bürgerkrieg entwickelte sich schnell zu einem Stellvertreterkrieg zwischen zwei dominierenden Lagern, d.h. Russland, Iran und der Irak auf Regierungsseite und die USA, Türkei, Katar und Saudi-Arabien auf Rebellenseite, stets unterstützt durch nichtstaatliche Akteure aus anderen Ländern.

Insbesondere das sunnitische Saudi-Arabien und Emirat Katar haben den syrischen Aufstand instrumentalisiert, da sie ein Übergreifen der iranischen Revolution in die schiitisch geprägten Golfregionen befürchten sowie den internationalen Energiemarkt zu ihrem Vorteil absichern wollen. Sie begründen den Krieg gegen den Iran mit Teherans Anspruch auf die regionale Vormachtstellung im Nahen Osten.[608] Während die finanziellen Mittel für die syrischen Aufständischen weitgehend aus Riad fließen, wird der Großteil der Nachrichten von dem Sender Al-Jazeera mit Sitz in Doha sowie dem emiratischen Sender Al-Arabiya mit Sitz in Dubai gesendet, die stark Assad-kritisch sind und mit ihren hohen Einschaltquoten in der arabischen Welt die Meinung nachhaltig prägen.[609]

Der Iran möchte das Assad-Regime als Stellvertreter in Nahost sowie als Brückenkopf zur schiitischen Hisbollah im Libanon festigen, die in Assads Syrien einen sicheren Rückzugsort hatte.[610] Für Russland steht die Militärbasis im Mittelmeer, d.h. der einzig noch funktionierende russische Kriegshafen, und die Sicherung des globalen Energie-Marktes auf dem Spiel sowie seine allgemeine machtpolitische Stellung, insbesondere im nahöstlichen Raum.[611] Auch für die Vereinigten Staaten spielen machtpolitische Erwägungen eine ausschlaggebende Rolle. Denn ein Machtwechsel in Syrien würde das Regime aus der Allianz mit dem Iran lösen und damit die Hisbollah, den Iran und Russland - die gesamte Achse des westlichen Widerstandes – schwächen.[612] Einen militärischen Alleingang wagen die USA jedoch nicht, da sie das weitere Erstarken islamistischer Kräfte und eine Ausbreitung des IS in einem zerfallenem syrischen Staat befürchten.

Eine militärische Intervention von außen gilt aufgrund der sensiblen geostrategischen Lage, der komplexen Situation und den vielfältigen geopolitischen Interessen zwischen den mächtigen

---

[608] *Als Verbündeter des Irans steht Syrien bereits seit Jahren auf der US-amerikanischen Feindeslisten (vgl. Ruf 2015: 20).*
[609] *vgl. Armbruster 2011: 96*
[610] *vgl. Hanelt/Helberg 2013: 5*
[611] *vgl. Ruf 2015: 20*
[612] *vgl. Jäger/ Tophoven 2013: 25*

Akteuren in Syrien als unwahrscheinlich.[613] Gleichzeitig hat ein Friedensplan für Syrien nur dann eine Chance auf Erfolg, wenn die Krise entmilitarisiert wird.[614] Deshalb müssen Anstrengungen gemacht werden, um den syrischen Konflikt auf dem Verhandlungsweg zu beenden. Dafür tragen die Großmächte die politische und moralische Verantwortung. Doch die konstante Einmischung der externen Akteure in den syrischen Konflikt bewirkt genau das Gegenteil. Durch Waffenlieferungen, der Anstachelung der Opposition und dem Aufruf zu einem Glaubenskrieg tragen sie zu stetigem Nachschub an logistischer und materieller Unterstützung sowie radikal islamistischen Kämpfern bei.

Der syrische Bürgerkrieg ist zu einem geostrategischen Stellvertreterkrieg geworden, in dem verschiedenste geopolitische und wirtschaftliche Interessen sowie antagonistische konfessionelle und weltanschauliche Überzeugungen externer Mächte dominieren. Die involvierten ausländischen Akteure versuchen dabei stetig sich die größtmögliche Einflussnahme auf die Neugestaltung des Landes, nach einem voraussichtlichen Sturz des derzeitigen Regimes, zu sichern. Aufgrund der Instrumentalisierung und Internationalisierung eines eigentlich innerstaatlichen Konfliktes, d.h. der Revolte eines Teils der Bevölkerung gegen ihr autoritäres Regime, ist es in Syrien zu einer Verschiebung der Macht- und Kräfteverhältnisse gekommen und es entwickelten sich neue Antagonismen und Akteursgruppen heraus. Dementsprechend haben die externen Akteure mit ihren Handlungen und Entscheidungen den Verlauf und „Ausgang" der Revolution in Syrien maßgeblich beeinflusst. Der eigentliche Konflikt wurde zweckentfremdet. Diese einflussreiche Rolle ist den externen Mächten insbesondere deshalb zugekommen, weil die Mobilisierung und Organisation der Akteure innerhalb Syriens sehr schwach (gewesen) ist, während das Interesse der externen Akteure an dem geostrategisch bedeutsamen Land sehr hoch ist. Der ausländische Einfluss muss in Syrien als massiv eingeschätzt werden. Der Schlüssel zur Schlichtung der syrischen Krise liegt dabei nicht mehr bei Assad, sondern vorrangig in den Bündnispartnern, die Kompromisse eingehen und mehr Druck auf den syrischen Präsidenten und die Rebellen ausüben müssen. Doch analog zu Assad haben sie sich in ihrem Verhalten durch eine fehlende Kompromissbereitschaft ausgezeichnet.

5.3)   Zwischenfazit

Tunesien

Vier Jahre nach Ausbruch des Arabischen Frühlings in Tunesien kann die Bilanz gezogen werden, dass das Land den demokratischen Weg eingeschlagen hat. Das Verhalten und die

---

[613] vgl. BTI Syria 2014: 33
[614] vgl. Pott 2012: 186

getroffenen Entscheidungen der politischen Elite, der politischen Opposition sowie der militärischen und zivilen Akteure Tunesiens waren ausschlaggebend für diesen Verlauf. Der schnelle Sturz Ben Alis hat zudem dazu beigetragen, dass externe Akteure kaum eine Chance hatten, den innerstaatlichen Prozess nachhaltig zu beeinflussen. Dass es jedoch zu einem derart schnellen Sturz der alten Garde und dem Fehlschlagen Ben Alis herkömmlicher Eindämmungsstrategie von Unruhen gekommen ist, muss folgenden Faktoren zugeschrieben werden: Dem Überraschungseffekt durch die Spontaneität und weitgehenden Führungslosigkeit des Aufstandes; Der raschen Vernetzung und Ausbreitung der Protestbewegung; Der breiten Solidarisierung aller Gesellschaftssegmente und der damit einhergehenden Kraft der Masse; Der Spaltung der politischen Elite in „Hardliner" und „Liberalisierer"; Dem Verlust der Unterstützung von Armee und Sicherheitskräften. Dass es nach dem Sturz Ben Alis zu einem friedlichen Übergangsprozess und einer Demokratisierung des Landes gekommen ist, kann wiederum folgendem Verhalten und getroffenen Entscheidungen der wichtigsten Akteure zugeschrieben werden: Einer aus der Entpolitisierung erwachten Zivilgesellschaft, die durch eine breite Solidarisierung aller Gesellschaftssegmente und der positiven Erfahrung während des Sturzes als einem „geeinten Volk" gekennzeichnet ist; Der weiterhin gegebenen Unterstützung von Armee und Sicherheitskräften und deren Nichteinmischung in die Politik; Der Übernahme des kurzzeitig entstandenem Machtvakuums durch den starken Gewerkschaftsverband UGTT; Der Bereitschaft der Kooperation und des Kompromisses zwischen der politischen Opposition trotz starker ideologischer Differenzen; Der Bereitschaft der Konsensfindung innerhalb der Opposition und der Zivilgesellschaft; Dem geringen Einfluss des religiösen Islam (als fundamentalistische Zuspitzung) während der Machtübergabe; Einer geringen Einflussnahme und Manipulation externer Akteure.

Die gravierenden sozialen und wirtschaftlichen Probleme Tunesiens zählen zu den Auslösern der Proteste in Tunesien, doch gleichzeitig hat die vor über 50 Jahren initiierte marktwirtschaftliche Modernisierung der Wirtschaft und Gesellschaft erst einen Rahmen für die Entwicklung der Demokratie geschaffen. Denn im Einklang mit der wirtschaftlichen Entwicklung und dem gestiegenem Bildungsniveau der Bevölkerung hat sich in Tunesien eine breite, bürgerliche Mittel- und industrielle Arbeiterklasse herausentwickelt, die mit Ausbruch der Revolution ihre demokratischen Freiheiten und Partizipationsformen einforderte. Als demokratieförderlich ist zudem die breite Mittelschicht Tunesiens einzuschätzen, denn trotz gravierender regionaler Disparitäten gibt es keine übermächtige gesellschaftliche Gruppe, die den Großteil der Ressourcen des Landes besitzt. Zudem ist die „nationale Einheit" in Tunesien stark ausgeprägt. Einzig eine religiöse Konfliktlinie spaltet die Gesellschaft.

Syrien

Vier Jahre nach Ausbruch des Arabischen Frühlings in Syrien muss die Bilanz gezogen werden, dass das Land keinen demokratischen Weg eingeschlagen hat. In Syrien hat kein politischer Wechselprozess stattgefunden, sondern das Land befindet sich im Krieg, in dem einige Gebiete noch dem alten Regime unterstehen, während der Rest in kleine Kantone zerstückelt ist und von verschiedenen, konkurrierenden Rebellengruppen, (terroristischen) Organisationen und islamistisch militanten Bewegungen beherrscht wird. Syrien ist in den vier Jahren seit Konfliktausbruch von einem funktionierenden Staat in einen gescheiterten Staat übergegangen. Ausschlaggebend für diese Entwicklung waren das Verhalten und die getroffenen Entscheidungen der politischen Elite, der politischen Opposition, der militärischen und zivilen Akteure Syriens sowie einflussreicher externer Akteure in folgender Konstellation: Dem fehlenden Überraschungseffekt des Aufstandes; Der geeinten (wirtschafts-) politischen Elite sowie der absoluten Loyalität und Unterstützung der Sicherheitskräfte; Der Anwendung extremster Gewalt gegen die eigene Bevölkerung; Einer fragmentierten, unorganisierten, schwachen politischen Opposition; Einer nicht regionen- und schichtübergreifenden, unkoordinierten schwachen zivilen Opposition. Dass sich das syrische Regime in dem anhaltenden Bürgerkrieg und trotz fortschreitendem territorialem Verlust bis heute an der Macht hält und es dabei zum teilweisen Zusammenbruch der politischen Ordnung Syriens gekommen ist, kann wiederum folgendem Verhalten und getroffenen Entscheidungen der wichtigsten Akteure zugeschrieben werden: Der weiterhin geeinten (wirtschafts-) politischen Elite sowie der absoluten Loyalität und Unterstützung der Sicherheitskräfte; Der Militarisierung des Konfliktes und der Anwendung von extremer Gewalt der im Kampf beteiligten Akteure; Der Führungslosigkeit und Uneinigkeit der schwachen politischen Opposition und dem Fehlen eines identitätsstiftenden Alternativplans zu Assad; Einer weiterhin nicht die breite Mittelschicht umspannenden, unkoordinierten schwachen zivilen Opposition; Der zunehmenden Konfessionalisierung des Krieges mit der Herausbildung und Stärkung neuer Akteure, d.h. terroristischer und krimineller Vereinigungen wie dem IS; Der Internationalisierung und Instrumentalisierung des syrischen Konfliktes durch externe Akteure sowie der Spaltung und Manipulation seitens dieser einflussreichen internationalen Akteure; Der Kompromisslosigkeit aller involvierten Akteure (mit Ausnahme der zivilen).

Die gravierenden sozialen und wirtschaftlichen Probleme Syriens waren einer der Gründe für den Ausbruch der Protestbewegung, da ein Großteil der Bevölkerung von der wirtschaftlichen Entwicklung des Landes nicht profitiert(e). Das gestiegene Bildungsniveau der syrischen Bevölkerung kann als demokratieförderlich bewertet werden, allerdings hat sich in Syrien keine breite, pluralistisch orientierte und politisch aktive Mittelschicht herausgebildet, die auf demokratische Freiheiten und Partizipationsformen setzt. Vielmehr existiert eine schrumpfende Mittelklasse und die Akkumulation der Machtressourcen in den Händen strategisch wichtiger Bevölkerungsgruppen nimmt zu. Die soziale Ungleichheit in Syrien hat trotz Wirtschaftswachstum zugenommen und spaltet die Gesellschaft. Weiterhin existieren starke ethnische und religiöse Konfliktlinien innerhalb der Bevölkerung, die lange Zeit durch Repression unterdrückt wurden, und ein generelles Misstrauen zwischen den Gesellschaftsmitgliedern geschaffen haben. Auch die „nationale Einheit" Syriens ist labil. Zudem muss die geostrategisch bedeutende Lage des Staates als hinderliche Rahmenbedingung für einen politischen Wechselprozess Syriens bewertet werden.

VI) ZUSAMMENFASSUNG DER ERGEBNISSE

6.1) Fazit

Mit der vorliegenden Arbeit wurden die wesentlichen Faktoren und Kombinationen aus Faktorenbündeln herausgefiltert, die die unterschiedlichen Entwicklungen seit Ausbruch des Arabischen Frühlings in den beiden Staaten Tunesien und Syrien hervorgebracht haben und einen Erklärungsansatz dafür liefern können, warum die „Ergebnisse" so verschieden ausgefallen sind. Tunesien und Syrien wurden bewusst für diese Untersuchung gewählt, da sie die beiden Extremfälle, der vom Arabischen Frühling betroffenen Länder darstellen. Denn während sich in den meisten arabischen Staaten vier Jahre nach der Arabellion wieder die alten Kräfte behauptet haben, ist Tunesien ein nahezu gewaltfreier Weg in die Demokratie gelungen, während Syriens politische Ordnung im Zerfall ist. Anhand einer Symbiose zwischen System- und Akteurstheorie, d.h. einer primären Analyse der Rahmenbedingungen der beiden arabischen Gesellschaften, die das zur Verfügung stehende Aktionsfeld, der in den jeweiligen Transitionsprozessen handelnden Akteure abgesteckt haben, konnten die Gemeinsamkeiten und die Unterschiede der Entwicklung herausgearbeitet werden.

Es hat sich gezeigt, dass beide Staaten das Vermächtnis einer annähernd ein halbes Jahrhundert andauernden autoritären Herrschaft teilen, die durch ein säkulares Entwicklungsmodell gekennzeichnet war. Die individuellen Freiheiten und Partizipationsrechte wurden in diesen Ländern durch einen repressiven Polizeistaat massiv unterdrückt und die islamische Identität der breiten Gesellschaft klein gehalten. Beide Staaten durchliefen während dieser Zeit eine grundlegende Modernisierung von Wirtschaft und Gesellschaft und standen bei Ausbruch der Arabellion vor dem Widerspruch zwischen einem hohen Ausbildungsniveau und der Realität auf dem Arbeitsmarkt. Insbesondere die zahlenmäßig große Kohorte der 20- bis 35- Jährigen „Baby-Boomer" der arabischen Welt waren - und sind bis heute - von dieser Perspektivlosigkeit betroffen. Doch während Tunesiens Revolution von einer breiten, mobilisierten Masse, die auch die strategisch wichtige Gruppe des Bildungsbürgertums einschloss, getragen wurde, hat es eine derartig breite Massenbewegung in Syrien nie gegeben. Die syrische Revolte wurde insbesondere von benachteiligten, teils verarmten Bevölkerungsschichten an der Peripherie getragen. Das allein ist bereits ein entscheidender Unterschied innerhalb der beiden Staaten, dessen Relevanz jedoch weiterhin an Bedeutung gewinnt, wenn man sich die gesellschaftlichen Konfliktlinien und die Verteilung der Machtressourcen der beiden Länder anschaut. Im Gegensatz zu der homogenen tunesischen Gesellschaft, ist die syrische sehr heterogen. Die Machthaber in Syrien haben diese fragile konfessionelle und ethnische Zusammensetzung der Bevölkerung geschickt genutzt und strategisch wichtige Gruppen an das Regime kooptiert, um so ihren absoluten Machterhalt zu sichern und die Gesellschaft zu spalten. Das syrische Regime kennzeichnet sich dementsprechend durch eine absolute Einheit, die die benachteiligten Bevölkerungsgruppen weiterhin schwächt, da diese nur eine große diffuse Masse bilden. Die staatliche Unterdrückung einer derartig gespaltenen Masse ist dabei wesentlich leichter durchzusetzen als die eines geeinten Volkes wie im Falle Tunesiens. Zudem hatte Ben Ali nie ein derart ausgeklügeltes Machtsystem geschaffen wie seine Autokraten-Kollegen der Assads. Ein weiterer wichtiger Faktor, der den unterschiedlichen Ausgang der Revolten in beiden Ländern nachhaltig geprägt hat, sind die Streitkräfte. Deren Stärke und Loyalität auf Seiten der Aufständischen sind eine notwendige Bedingung für eine erfolgreich verlaufende Revolution. Da das tunesische Militär weder politisiert noch privilegiert war, hat es in Tunesien im entscheidenden Moment der Revolution die Seiten gewechselt und sich der breiten Masse des Volkes angeschlossen. In Syrien hingegen sind die Streitkräfte stark politisiert und bilden eine der staatlichen Säulen der Macht, weshalb ihre Einheit und Loyalität zum Machthaber gleichbedeutend mit ihrer Existenz sind. Ein entscheidender Unterschied in beiden Staaten ist also der, dass in Tunesien ein autoritäres Regime zu Fall gebracht wurde während der Sturz des Regimes in Syrien drohte, das System zu kippen. Das liefert jedoch nur eine Erklärung dafür, wie es zum Sturz des autoritären Machthabers in Tunesien gekommen ist, begründet aber nicht, warum sich eine funktionierende, demokratische Ordnung in diesem Staat etablieren konnte.

Analog zum geeinten Volk in Tunesien hat sich auch die politische Opposition in diesem Staat, trotz ideologischer Differenzen, durch ihre Kooperations- und Kompromissfähigkeit ausgezeichnet. Diese Bereitschaft der Opposition minimalen Aushandlungsprozessen zuzustimmen, war eine notwendige Bedingung für Tunesiens Demokratisierungsprozess. In Syrien ist das nicht der Fall. Dort spiegelt die politische Opposition die Zivilgesellschaft wider, die diffus, unorganisiert und schwach ist. Zugleich weist die politische Opposition ähnlich dem Regime um Assad autoritäre Tendenzen auf und kennzeichnet sich durch eine mangelnde Kooperations- und Kompromissbereitschaft. Die Akteure des syrischen Widerstands haben zwar den Sturz des Diktators gefordert, hatten aber nie eine geeinte, gemeinsame Vision und Strategie für den Staat nach Assad. Die vom Westen als „legitimierter" Vertreter des syrischen Volkes anerkannte Auslandsopposition (SNC), und der größte existierende innerstaatliche Oppositionszusammenschluss Syriens (NCC) sind nie von ihren Maximalforderungen zurückgetreten und haben sich auf einen minimalen Konsens geeint, um so durch die Kraft ihrer Masse und Stärke ihres Willens *eine* organisierte Gegenkraft zu bilden, die das Regime herausfordern hätte können. Das hat auch die Haltung der internationalen Akteure beeinflusst und die Instrumentalisierung des Konfliktes in Syrien maßgeblich vorangetrieben; Das Land wurde zum geopolitischen Spielball äußerer Mächte und die eigentlich innerstaatliche Problematik internationalisiert. So ist die arabische Welt aufgrund ihrer exponierten geostrategischen Lage und ihrem bedeutsamen Ressourcenreichtum seit jeher das Ziel externer Einflussmächte gewesen. Tunesien bildet hier eine Ausnahme. Der kleine Staat war von allen vom Arabischen Frühling betroffenen Ländern aufgrund seiner Größe sowie ökonomischen und strategischen Bedeutung im regionalen Vergleich am unbedeutendsten. Das hat entscheidend dazu beigetragen, dass sich die Demokratie in Tunesien wirklich entfalten konnte, während der Kampf um Einflusssphären in Syrien den Staatszerfall und islamischen Terror vorangetrieben hat.

Um zu der in dieser Arbeit aufgestellten Fragestellung zurückzukehren, kann ohne Zweifel festgehalten werden, dass der Ansteckungseffekt der regionalen Wellen des Arabischen Frühlings, der durch das Zeitalter der intensiveren internationalen Kommunikation und neuen sozialen Medien noch bestärkt wurde, in der arabischen Welt dafür gesorgt hat, dass sich eine Revolte in einem einzelnen Land, wie eine Initialzündung auf die historisch, geographisch und kulturell verwandten Staaten, mit ähnlicher Ausgangssituation, Konfliktlage und dem geeinten Streben nach Wandel, ausweiten konnte. Dieses Phänomen hat jedoch nur eine Voraussetzung für einen Regionen übergreifenden Demokratisierungsprozess geschaffen, diesen aber nicht determiniert. Denn der Weg in die Demokratie ist von den jeweils in der Region vorherrschenden Individualmerkmalen und dem jeweiligen Handlungsrahmen des Staates, der die Aktionsmöglichkeiten der Gesellschaftsmitglieder strukturiert, sowie dem daraus tatsächlich gewähltem Verhalten der Bürger eines Landes, abhängig. Zudem handelt es sich um einen nicht linearen, ungewissen und jederzeit umkehrbaren Prozess. Transitionsprozesse unterliegen derart vielen Einflüssen und Konstellationen, dass sie nicht vorhersagbar sind und ihr Erfolg sich an einer Kombination aus je nach Fallbeispiel variierenden Faktoren entscheidet.

In Tunesien ist es zu einem Demokratisierungsprozess gekommen, weil sowohl die gesellschaftlichen, ökonomischen und geostrategischen Rahmenbedingungen im Land als auch die Einstellungen und gewählten Handlungsmöglichkeiten der relevanten Akteure der Revolution, demokratieförderlich waren. Ein gelungenes Zusammenspiel dieser Faktoren hat Tunesien den demokratischen Weg geebnet, auch wenn die Tendenzen im Land stark darauf hinweisen, dass der Weg zu einer konsolidierten Demokratie noch beschwerlich sein wird.

In Syrien sind die historischen, kulturellen, gesellschaftlichen, ökonomischen und geostrategischen Rahmenbedingungen neben den regionalspezifischen Individualmerkmalen dahingegen verstärkt demokratiehinderlich gewesen. Sie haben jedoch den Aktionsradius der Einstellungen und das Verhalten der relevanten Akteure der Revolution strukturiert und ihnen dabei wenig Handlungsspielraum gelassen. Weder die hinreichenden noch die notwendigen Bedingungen waren in Syrien bei Ausbruch des Konfliktes im März 2011 gegeben, was die strukturell bedingten Handlungsmöglichkeiten der Aufständischen, einen politischen Wechselprozess durchzusetzen, aufs äußerste reduzierte. Durch die im Revolutionsprozess neu entstandenen Kräfte, die externe demokratiefeindliche Einflussnahme im Land, sowie die nur noch in Teilen gegebene Staatlichkeit, ist ein demokratischer Weg Syriens (in naher Zukunft) nicht möglich.

Die Suche nach einer neuen, vom Volk gewählten Staats- und Gesellschaftsordnung, ist in den vier Jahren nach Ausbruch des Arabischen Frühlings einzig Tunesien gelungen. Die Zukunft wird zeigen, ob Tunesien auch die Konsolidierung seiner jungen Demokratie glücken wird. Das wird insbesondere davon abhängig sein, ob das Land die wirtschaftlichen Schwierigkeiten beseitigen, ein Gleichgewicht der Regionen schaffen sowie den islamistischen Extremismus innerhalb des Landes in den Griff bekommen kann. Eine in der Region als positiv wahrgenommene politische Entwicklung Tunesiens könnte wiederum langfristig die politische Richtung seiner arabischen Nachbarstaaten nachhaltig beeinflussen.

ANHANG

Abb. 1: Jugendarbeitslosigkeit 2005-2013 in Tunesien und Syrien

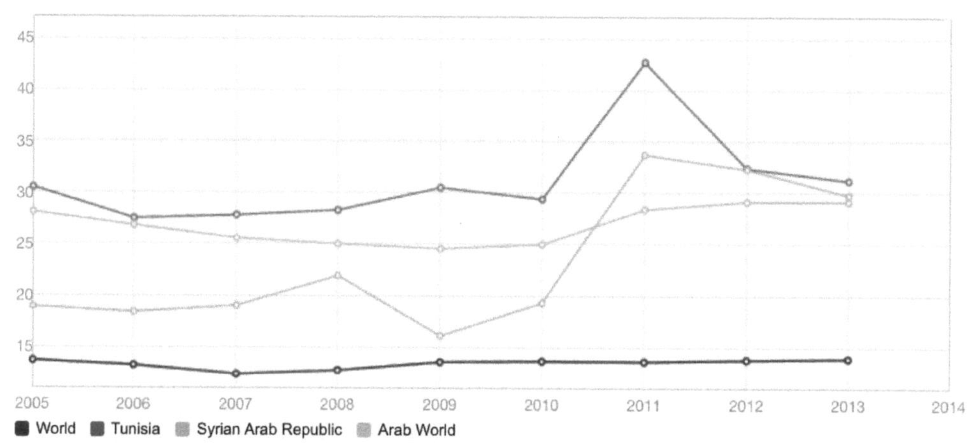

Quelle: Weltbank 2015: Unemployment, youth total, letzter Zugriff: 20.08.2015

7.) LITERATURVERZEICHNIS

Akrach, Samira/ von Mende, Tugrul (2011): Tunesien, S. 5-17, In: Deutsche Orient-Stiftung (Hg.): Der "Arabische Frühling". Auslöser, Verlauf, Ausblick; Studie des Deutschen Orient-Instituts, Berlin, September 2011.

AlDailami, Said/ Pabst, Martin (2014): Der Arabische Umbruch – Eine Zwischenbilanz. Interne Dynamik und externe Einmischung, Berichte & Studien; Hanns-Seidel-Stiftung e.V., München 2014.

Almond, Gabriel A./Verba, Sidney (1963): The Civic Culture: Political Attitudes and Democracy in Five Nations", Princeton University Press, Princeton, New Jersey 1963.

Armbruster, Jörg (2011): Der arabische Frühling. Als die islamische Jugend begann, die Welt zu verändern, Westend Verlag GmbH, Frankfurt/Main 2011.

Armbruster, Jörg (2013): Brennpunkt Nahost. Die Zerstörung Syriens und das Versagen des Westens, Westend Verlag GmbH, Frankfurt/Main 2013.

Asseburg, Muriel (2013): Syrien: ziviler Protest, Aufstand, Bürgerkrieg und Zukunftsaussichten, S. 11-17. In: bpb (Hg.): Syrien. Aus Politik und Zeitgeschichte, 63. Jahrgang, 08/2013, Bundeszentrale für politische Bildung, Bonn, 18. Februar 2013.

Asseburg, Muriel (2011): Proteste, Aufstände und Regimewandel in der arabischen Welt. Akteure, Herausforderungen, Implikationen und Handlungsoptionen, SWP Studie, Berlin, Oktober 2011.

Beck, Martin (2013): Der "Arabische Frühling" als Herausforderung für die Politikwissenschaft, Politische Vierteljahresschrift, 54. Jahrgang, 04/2013, S. 641-661.

Bertelsmann Stiftung, BTI (2014): Syria Country Report. Gütersloh: Bertelsmann Stiftung, 2014. letzter Zugriff 07.08.2015. http://www.bti-project.org/uploads/tx_itao_download/BTI_2014_Syria.pdf

Bertelsmann Stiftung, BTI (2014): Tunisia Country Report. Gütersloh: Bertelsmann Stiftung, 2014. letzter Zugriff 07.08.2015. http://www.bti-project.de/uploads/tx_itao_download/BTI_2014_Tunisia.pdf

Bickel, Markus (2013): Syrien, Iran, Hisbollah, Hamas: Bröckelt die Achse?, S. 30-36. In: bpb (Hg.): Syrien. Aus Politik und Zeitgeschichte, 63. Jahrgang, 08/2013, Bundeszentrale für politische Bildung, Bonn, 18. Februar 2013.

Biegel, Reiner (2001): Syrien ein Jahr nach dem Tode Hafiz al-Assads. Der junge Präsident konsolidiert seine Herrschaft, S. 27-44. In: KAS (Hg.): Auslandsinformationen, Konrad-Adenauer-Stiftung e.V., Berlin, 01. August 2001.

Börner, Achim-Rüdiger (2014): Die neue Verfassung der Republik Tunesien - Eine Einführung, In: Gesellschaft für Arabisches und Islamisches Recht e.V. (Hg.), Tunesien, Februar 2014, letzter Zugriff 14.07.2015. http://www.gair.de/wp-content/uploads/2014/03/Börner-TunesVerfass2014-02.pdf

Brückner, Julian (2015): Strukturalismus, S. 99-110. In: Kollmorgen, R./Merkel, W./ Wagener, H.J. (Hg): Handbuch Transformationsforschung, Springer Fachmedien, Wiesbaden 2015.

Constitution de la République Tunisienne (26.01.2014), In: Al Bawsala (Hg.), letzter Zugriff 12.07.2015. http://majles.marsad.tn/uploads/documents/Constitution_Tunisienne_VF_Traduction_Non_Officielle_Al_Bawsala.pdf

Constitution of the Syrian Arab Republic - 2012 (26.02.2012), In: Voltaire Network (Hg.) letzter Zugriff 17.07.2015. http://www.voltairenet.org/article173033.html

Dahl, Robert A. (1971): Polyarchy: Participation and Opposition, New Haven 1971.

Dahl, Robert A. (1990): After The Revolution?, Yale University Press, New Haven & London 1970.

Fleischer, Anna (2014): Tunesien: Der Geburtsort des "Arabischen Frühlings" - Drei Jahre danach, Deutsche Orient-Stiftung, Berlin, März 2014.

Freedom House (2015): Syria. Freedom in the World 2014, letzter Zugriff 17.07.2015. https://freedomhouse.org/report/freedom-world/2015/syria#.VdulkChQIfE

Freedom House (2014): Tunisia. Freedom in the World 2014, letzter Zugriff 21.07.2015. https://freedomhouse.org/report/freedom-world/2014/tunisia#.VbrkE_lSJ68

Freedom House (2015): Tunisia. Freedom in the World 2015, letzter Zugriff 21.07.2015. https://freedomhouse.org/report/freedom-world/2015/tunisia#.VbrkQ_lSJ68

Gerlach, Daniel/ Metzger Nils (2013): Männer, die auf Leichen starren. Wie unser Bild vom Krieg
entsteht, 3-11. In: bpb (Hg.): Syrien. Aus Politik und Zeitgeschichte, 63. Jahrgang, 08/2013,
Bundeszentrale für politische Bildung, Bonn, 18. Februar 2013.

Giddens, Anthony (1993): Sociology. 2. Auflage, Polity Press, Cambridge 1993.

Hanelt, Christian-P./ Helberg, Kristin (2013): Syrien –Vom Aufstand zum Krieg, spotlight europe,   #2013/2,
Bertelsmann   Stiftung,   letzter   Zugriff   17.12.2014.   http://www.bertelsmann-stiftung.de/cps/rde/xbcr/SID-
4D2BE3A2-9B77BCA6/bst/BS_Spotlight1302_DE_web.pdf

Harders, Cilja (2011): Neü Proteste, alte Krisen: Ende des autoritären Sozialvertrags, 11-14.
In: bpb (2011): Arabische Zeitenwende. Aus Politik und Zeitgeschichte, 61. Jahrgang, 39/2011, 26. September 2011.

Houdret, Annabelle/ Elloumi, Mohamed (2013): Arabischer Frühling, aber schlechte Ernten: Warum das ländliche Tunesien für
den Erfolg der Revolution wichtig ist. In: DIE (2013): Die aktuelle Kolumne vom 22.07.2013, Deutsches Institut für
Entwicklungspolitik, Bonn 2013, letzter Zugriff 08.08.2015.

Human Rights Watch (2015): World Report 2015: Tunisia, letzter Zugriff 21.07.2015.
https://www.hrw.org/world-report/2015/country-chapters/tunisia

Huntington, Samuel P. (1991): The Third Wave. Democratization in the Late Twentieth Century,
University of Oklahoma Press, Norman 1991.

Huntington, Samuel P. (1993): The Clash of Civilizations?, In: Foreign Affairs 72 (3/1993), S. 22-49,
letzter   Zugriff   25.06.2015.
http://www.svt.ntnu.no/iss/Indra.de.Soysa/POL2003H05/huntington_clash%20of%20civlizations.pdf

Huntington, Samuel P. (1996): Kampf der Kulturen. Die Neugestaltung der Weltpolitik im 21. Jahrhundert (OT: "The Clash of
Civilizations"), Wilhelm Goldmann Verlag, München 1996.

Jäger, Kinan/Tophoven, Rolf (2013): Der Syrien-Konflikt: Internationale Akteure, Interessen,
Konfliktlinien, 23-30. In: bpb (Hg.): Syrien. Aus Politik und Zeitgeschichte, 63. Jahrgang, 08/2013,
Bundeszentrale für politische Bildung, Bonn, 18. Februar 2013.

Joffe, Josef (2011): Die "Vierte Welle": Ursachen und Chancen des Arabischen Frühlings, Berlin Brandenburgische Akademie,
Leibniztag, Berlin, 18. Juni 2011, letzter Zugriff 10.04.2015. http://www.bbaw.de/josef-joffe-festvortrag-2011.pdf

Kollmorgen, Raj (2015): Modernisierungstheoretische Ansätze, S. 77-88. In: Kollmorgen, R./Merkel, W./ Wagener, H.J. (Hg):
Handbuch Transformationsforschung, Springer Fachmedien, Wiesbaden 2015.

Kollmorgen, Raj./Merkel, Wolfgang./ Wagener, Hans J. (2015): Transformation und Transformationsforschung: Zur Einführung,
S. 11-27. In: Kollmorgen, R./Merkel, W./ Wagener, H.J. (Hg): Handbuch Transformationsforschung, Springer Fachmedien,
Wiesbaden 2015.

Lange, Katharina (2013): Syrien: Ein historischer Überblick, S. 37-43. In: bpb (Hg.): Syrien. Aus Politik und Zeitgeschichte, 63.
Jahrgang, 08/2013, Bundeszentrale für politische Bildung, Bonn, 18. Februar 2013.

LpB (2015): Politikthemen > Dossiers, Landeszentrale für politische Bildung Baden-Württemberg, letzter Zugriff 18.08.2015.
http://www.lpb-bw.de/islamischer-staat.html

Linz, Juan/ Stepan, Alfred (1996): Toward Consolidated Democracies. In: Journal of Democracy,
Volume 7, Number 2, April 1996.

Linz, Juan/ Stepan, Alfred (2013): Islamists and the "Arab Spring", S. 15-30. In: Journal of Democracy, Volume 24, Number
2, April 2013.

Lipset, Seymour Martin (1981): Political Man. The Social Bases of Politics, The Johns Hopkins University Press Baltimore,
Maryland 1981.

Merkel, Wolfgang (1996): Struktur oder Akteur, System oder Handlung: Gibt es einen Königsweg in der
sozialwissenschaftlichen Transformationsforschung?, In: Merkel, W. (Hg.): Systemwechsel 1. Theorien, Ansätze und Konzepte
der Transitionsforschung. 2. Auflage, Leske + Budrich, Opladen 1996.

Merkel, Wolfgang (1998): Systemtransformation. Studienkurs der FernUniversität Hagen., FernUniversität Hagen 1998.

Merkel, Wolfgang (1999): Systemtransformation. Eine Einführung in die Theorie und Empirie der Transformationsforschung.

Leske + Budrich, Opladen 1999.

Merkel, Wolfgang (2010): Systemtransformation. Eine Einführung in die Theorie und Empirie der Transformationsforschung. 2., überarbeitete und erweiterte Auflage. VS Verlag für Sozialwissenschaften 2010.

Moore, Barrington Jr. (1966): Social Origins of Democracy and Dictatorship: Lord and Peasant in the Making of the Modern World, Beacon Press, Boston 1966.

O´Donnell, Guillermo/Schmitter, Philippe C. (1986): Transitions from Authoritarian Rule: Tentative Conclusions about Uncertain Democracies, Baltimore & London, Johns Hopkins UP, 1986.

Pott, Marcel (2012): Der Kampf um die arabische Seele. Der steinige Weg zur islamischen Demokratie, Kiepenheur & Witsch, Köln 2012.

Przeworski, Adam (1991): Democracy and the Market. Political and Economic Reforms in Eastern Europe and Latin America, Cambridge University Press.

Putnam, Robert D. (1993): Making Democracy Work: Civic Traditions in Modern Italy, Princeton University Press, Princeton, New Jersey 1993.

Rieper, Alexander (2011): Syrien, S. 74-83, In: Deutsche Orient-Stiftung (Hg.): Der "Arabische Frühling". Auslöser, Verlauf, Ausblick; Studie des Deutschen Orient-Instituts, Berlin, September 2011.

Rosiny, Stephan (2011): Ein Jahr "Arabischer Frühling": Auslöser, Dynamiken und Perspektiven, GIGA Focus Nahost, Nummer 12, Hamburg 2011.

Ruf, Werner (2015): Scheitert der Arabischer Frühling?, In: mdmagazin, Nummer 104, 2/2015, letzter Zugriff 26.07.2015. http://www.mehr-demokratie.de/fileadmin/pdf/2015-04-01_md-magazin_Werner_Ruf_arabischer_frühling.pdf

Rüstow, Dankwart A. (1970): Transitions to Democracy: Toward a Dynamic Model, In: Comparative Politics, Vol. 2, No. 3 (April 1970), pp. 337-363, letzter Zugriff 26.06.2015. http://dcpis.upf.edu/~raimundo-viejo/docencia/pehe/pdfstransiciones/Rustow_1970.pdf

Sadek, George (2013): The Role of Islamic Law in Tunisia's Constitution and Legislation Post-Arab Spring, letzter Zugriff 21.07.2015. http://www.loc.gov/law/help/tunisia.php#Islamic

Said, Salam (2013): Gesellschaftliche und sozioökonomische Entwicklung Syriens, S. 49-55. In: bpb (Hg.): Syrien. Aus Politik und Zeitgeschichte, 63. Jahrgang, 08/2013, Bundeszentrale für politische Bildung, Bonn, 18. Februar 2013.

Sandschneider, Eberhard (1995): Stabilität und Transformation politischer Systeme. Stand und Perspektiven politikwissenschaftlicher Transformationsforschung, Leske + Budrich, Opladen 1995.

Schmädeke, Philipp Christoph (2012): Politische Regimewechsel. Grundlagen der Transitionsforschung, Basel/ Tübingen: Francke 2012.

Schmädeke, Philipp Christoph (2011): Der Demokratiebegriff in der Transitionsforschung. Ideengeschichtliche Ursprünge, Modellierung und konzeptionelle Konseqünzen, Verlag Dr. Kovac, Hamburg 2011.

Schmitter, Philippe C. (1985): Speculations about the Prospective Demise of Authoritarian Rule and its Possible Consequences, Working Paper 85/165, Europäisches Hochschul-Institut (EUI), Florenz 1985.

Schlumberger, Oliver (2012): Der arabische Frühling. Das Ende autoritärer Herrschaft?, S. 70-79. In: WeltTrends, Zeitschrift für internationale Politik: Autoritarismus Global, 20. Jahrgang, Nr. 82, Januar/Februar 2012.

Scholl-Latour, Peter (2011): Arabiens Stunde der Wahrheit. Aufruhr an der Schwelle Europas, Ullstein Buchverlag GmbH, Berlin 2011.

Schumann, Christoph/ Jud, Andrea (2013): Staatliche Ordnung und politische Identitäten in Syrien, S. 44-49. In: bpb (Hg.): Syrien. Aus Politik und Zeitgeschichte, 63. Jahrgang, 08/2013, Bundeszentrale für politische Bildung, Bonn, 18. Februar 2013.

Soudani, Basma (2015): Gleichberechtigung in Tunesien: Eine Bestandsaufnahme nach den Wahlen, 23.02.2015, Heinrich Böll Stiftung, letzter Zugriff 21.07.2015. https://www.böll.de/de/2015/02/03/gleichberechtigung-tunesien

Vanhanen, Tatu (1990): The Process of Democratization: A Comparative Study of 147 States, 1980-88, Crane Russak, Taylor &

Francis New York Inc 1990.

Vanhanen, Tatu (1992): Strategies of Democratization. Taylor & Francis Washington D.C. 1992.

Whitehead, Laurence (2002): Democratization: Theory and Experience, Oxford University Press 2002.

Wieland, Carsten (2013): Das politisch-ideologische System Syriens und dessen Zerfall, S. 55-62. In: bpb (Hg.): Syrien. Aus Politik und Zeitgeschichte, 63. Jahrgang, 08/2013, Bundeszentrale für politische Bildung, Bonn, 18. Februar 2013.

World Bank (2015): Unemployment: youth total, letzter Zugriff 29.07.2015. http://data.worldbank.org/indicator/SL.UM.1524.ZS

World Bank (2012): World Development Indicators, 09.07.2012, letzter Zugriff 08.08.2015. http://data.worldbank.org/data-catalog/world-development-indicators/wdi-2012

Zapf, Wolfgang (1996): Modernisierungstheorien in der Transformationsforschung, S. 169-181. In: Von Beyme, K./ Offe, C. (Hg): Politische Theorien in der Ära der Transformation, Westdeutscher Verlag GmbH, Opladen 1996.

Zayed, Sonia (2015): Tunesien: Zwischen Demokratiserung und Jihadismus, Frankfurter Forschungszentrum Globaler Islam (FGI), Göthe-Universität, Frankfurt, März 2015, letzter Zugriff 28.07.2015. http://www.ffgi.net/files/dossier/dossier-tunesien-zayed.pdf

Zein, Huda (2013): Identitäten und Interessen der syrischen Oppositionellen, S. 17-23. In: bpb (Hg.): Syrien. Aus Politik und Zeitgeschichte, 63. Jahrgang, 08/2013, Bundeszentrale für politische Bildung, Bonn, 18. Februar 2013.

PRESSE
Al Arabiya (27.02.2012): Syria says nearly 90% of voters approve new constitution amid bloodshed, letzter Zugriff 23.07.2015. http://english.alarabiya.net/articles/2012/02/27/197380.html

Al Arabiya (12.06.2014): Analysis: What if Hafez al-Assad was still alive?, letzter Zugriff 13.08.2015. http://english.alarabiya.net/en/News/2014/06/12/What-if-Hafez-al-Assad-was-still-alive-.html

Al Arabiya (25.03.2015): Tunisia and the challenge of security and freedom, letzter Zugriff 24.07.2015. http://english.alarabiya.net/en/views/news/middle-east/2015/03/25/Tunisia-and-the-test-of-security-and-freedom.html

Al Jazeera (02.06.2014): Explainer: Who can vote in Syria's elections?, letzter Zugriff 23.07.2015. http://www.aljazeera.com/indepth/interactive/2014/06/explainer-who-can-vote-syria-elections-20146211522563602.html

Al Jazeera (26.10.2014): Tunisia's political parties and the shared vision, letzter Zugriff 24.07.2015. http://www.aljazeera.com/indepth/opinion/2014/10/tunisia-political-parties-shar-2014102655136406559.html

Al Jazeera (30.01.2015): Questioning freedom of speech in Tunisia, letzter Zugriff 22.07.2015. http://www.aljazeera.com/news/2015/01/questioning-freedom-speech-tunisia-150126104509780.html

BBC (27.01.2014): Tunisia assembly passes new constitution, letzter Zugriff 21.07.2015. http://www.bbc.com/news/world-africa-25908340

CBS News (07.05.2012): Syria holds 1st multi-party elections, opposition boycotts vote as a sham, letzter Zugriff 27.07.2015. http://www.cbsnews.com/news/syria-holds-1st-multi-party-elections-opposition-boycotts-vote-as-a-sham/

Deutsche Welle (01.11.2013): Syriens Wirtschaft am Boden zerstört, letzter Zugriff 08.08.2015. http://www.dw.com/de/syriens-wirtschaft-am-boden-zerstört/a-17175380

Deutsche Welle (05.04.2010): Der Vater der tunesischen Unabhängigkeit, letzter Zugriff 10.08.2015. http://www.dw.com/de/der-vater-der-tunesischen-unabhängigkeit/a-5420054

Focus Online (27.02.2011): Ministerpräsident schmeißt hin, letzter Zugriff 17.08.2015. http://www.focus.de/politik/ausland/krise-in-der-arabischen-welt/tunesien-ministerpraesident-schmeisst-hin_aid_603922.html

New York Times (09.07.2015): Number of Syrian Refugees Climbs to More Than 4 Million, letzter Zugriff 27.07.2015. http://www.nytimes.com/2015/07/09/world/middleeast/number-of-syrian-refugees-climbs-to-more-than-4-million.html?_r=0

Reporters sans frontières (30.04.2015): Tunisie : Journée mondiale de la liberté de la presse : Agressions contre les journalistes et menaces législatives contre la liberté d'expression et d'information - priorités pour 2015, letzter Zugriff 21.07.2015.

http://fr.rsf.org/tunisie-tunisie-journee-mondiale-de-la-30-04-2015,47839.html

Spiegel Online (24.02.2012): Syriens neue Verfassung: Assads Reformlüge, letzter Zugriff, 23.07.2015. http://www.spiegel.de/politik/ausland/syriens-neu-verfassung-assads-reformlüge-a-817131.html

Süddeutsche (15.03.2015): Der Krieg gebiert eine verlorene Generation, letzter Zugriff 27.07.2015. http://www.süddeutsche.de/politik/vier-jahre-bürgerkrieg-in-syrien-jenseits-aller-hoffnung-1.2393104-2

Tagesspiegel (03.08.2012): Durch ihre Augen, letzter Zugriff 17.08.2015. http://www.tagesspiegel.de/politik/tunesien-durch-ihre-augen/6955100.html

Tagesspiegel (03.08.2012): Über 80 Parteien wollen Tunesien regieren, letzter Zugriff 21.07.2015. http://www.tagesspiegel.de/politik/wahlkampf-über-80-parteien-wollen-tunesien-regieren/5204292.html

taz (22.11.2014): Erst Herz, dann Kopf, letzter Zugriff 21.07.2015. http://www.taz.de/!5028413/

The Guardian (24.01.2011): Sarkozy admits France made mistakes over Tunisia, letzter Zugriff 22.08.2015. http://www.theguardian.com/world/2011/jan/24/nicolas-sarkozy-tunisia-protests

Time (15.06.2015): As ISIS Grows Its Territory, It Becomes Increasingly Dangerous, letzter Zugriff 19.08.2015. http://time.com/3917097/as-isis-grows-its-territory-it-becomes-increasingly-dangerous/

Today's Zaman (06.11.2011): International actors compete for influence over Tunisia, letzter Zugriff 21.08.2015. http://www.todayszaman.com/diplomacy_international-actors-compete-for-influence-over-tunisia_262012.html

Zeit Online (14.08.2012): Ministerkonferenz islamischer Staaten beschließt Rauswurf Syriens, letzter Zugriff 17.06.2015. http://www.zeit.de/politik/ausland/2012-08/syrien-gipfel-ausschluss

Zeit Online (10.06.2015): Assad gehen die Freunde aus, letzter Zugriff 24.07.2015. http://www.zeit.de/politik/ausland/2015-06/syrien-assad-am-ende